新课改下的学校图书馆

珠海市名教师工作室工作印记

王鸿飞 ◎ 主编

东北师范大学出版社

长 春

图书在版编目（CIP）数据

新课改下的学校图书馆：珠海市名教师工作室工作印记/王鸿飞主编. — 长春：东北师范大学出版社，2023.8
ISBN 978-7-5771-0464-5

Ⅰ.①新… Ⅱ.①王… Ⅲ.①中小学—学校图书馆—图书馆工作—珠海 Ⅳ.①G258.69

中国国家版本馆CIP数据核字（2023）第188967号

□责任编辑：石　斌　　　　　□封面设计：言之凿
□责任校对：刘彦妮　张小娅　□责任印制：许　冰

东北师范大学出版社出版发行
长春净月经济开发区金宝街 118 号（邮政编码：130117）
电话：0431-84568023
网址：http://www.nenup.com
北京言之凿文化发展有限公司设计部制版
北京政采印刷服务有限公司印装
北京市中关村科技园区通州园金桥科技产业基地环科中路 17 号（邮编：101102）
2023年8月第1版　2023年11月第1次印刷
幅面尺寸：185mm×260mm　印张：16　字数：323千

定价：58.00元

编 委 会

主　编：王鸿飞

编　委：（以姓氏拼音字母为序）

　　　　冯　琳　李　兰　林宇航　罗　卫　罗晓涛

　　　　麦彩云　申屠芬　舒　婵　吴　梦　谢惠华

前 言

FOREWORD

2019年9月8日，习近平总书记在给国家图书馆老专家的回信中说："图书馆是国家文化发展水平的重要标志，是滋养民族心灵、培育文化自信的重要场所"，希望国家图书馆"坚持正确政治方向，弘扬优秀传统文化，创新服务方式，推动全民阅读，更好满足人民精神文化需求"。习近平总书记对图书馆的作用以及未来努力方向作出了准确定位和精辟诠释，信中对图书馆的希望，也是时代赋予图书馆的新的历史使命。

随着《中小学图书馆（室）规程》（2018年版）、《学校图书馆指南（第二版）》等文件的出台以及新一轮课改的实施，中小学图书馆管理重新成为研究热点。另外，在语文教育改革和全民阅读的背景下，提升中小学生的阅读素养已经成为当前学校教育的重点工作。珠海市王鸿飞名教师工作室作为图书馆管理学科的工作室，认真学习和贯彻习近平总书记给国家图书馆老专家的回信精神，根据《中小学图书馆（室）规程》以及国家、省、市相关文件精神，充分发挥名师工作室各成员的聪明才智，聚合各成员所在图书馆的力量，关注本专业国内外学术理论、科研项目的研究动态和发展趋势，以项目实践带动业务课题研究，培育学术成果，鼓励珠海市中小学图书馆工作人员进行学术研究和业务创新。另外，工作室依托珠海市教育研究院及珠海市教育学会图书管理专业委员会，定期举办中小学图书馆业务理论及实务培训，以未成年人阅读推广工作为抓手，推动开展本地区中小学图书馆的阅读活动；加强学校图书馆与校外各类型图书馆的合作，关注薄弱图书馆的阅读服务状况，推进围绕业务交流的教研活动，从而影响并带动薄弱图书馆的发展以及青年馆员、非专业馆员的成长，共同推动珠海市中小学图书馆工作更进一步，努力为珠海市教育事业迈上新台阶、取得新成绩添砖加瓦。

作为工作室的主持人，十四年来，我立足于珠海三中图书馆，一直默默努力着，为读者坚守，为自己坚守，也为中小学图书馆事业坚守。在认真做好本职工作的同时，我也在努力提高专业能力与科研水平。珠海市王鸿飞名教师工作室的成立，既是珠海市教育局对图书馆管理学科的重视、对我个人的肯定，也给了我一次非常珍贵的机会，让我能与各位馆长、馆员携手同行，带领大家实现共同目标。

本书是珠海市王鸿飞名教师工作室三年以来的科研成果与经验积累，也是珠海市中小学名教师工作室专项课题"学校图书馆馆藏资源建设的研究与实践"、珠海市教育科研"十四五"规划第二批课题"'双减'背景下中小学图书馆阅读推广研究"、广东省图书馆科研课题"'减负'情境下学校图书馆未成年人服务的发展机遇"、珠海市教育科研"十三五"规划第四批课题"新课改下中小学图书馆规范化建设与发展研究"等课题的研究成果。

本书主要分为五篇：第一篇"工作室介绍"，主要介绍工作室主持人及工作室成员情况；第二篇"工作室活动简报"，主要记录工作室相关的活动简报，如教研活动、揭牌仪式、开题结题活动、专家指导、成果推广等；第三篇"工作室成员读书心得"，包括工作室阅读计划启动以来工作室成员的读书心得；第四篇"珠海市中小学图书馆风采"，主要收集了珠海市具有代表性的小学图书馆、初中图书馆、高中图书馆的简介；第五篇"图书馆论文"，主要收集了工作室成员、课题组成员撰写的一些论文。

本书是对工作室三年历程的梳理和记录，感谢工作室成员的积极参与，这里就不一一说明每个人的贡献了。由于统稿时间仓促，加之能力有限，本书仍存在许多有待完善之处。另外，书中的活动简报、读书心得、图书馆简介以及论文等都是直接采用的，引用的各种资料未能一一注明出处，在此表达歉意。另外，书中诸多观点也不一定正确，如有错误，恳请各位读者能够批评指正。

王鸿飞

2022年8月8日

目 录

CONTENTS

第一篇　工作室介绍

第二篇　工作室活动简报

第三篇　工作室成员读书心得

第四篇　珠海市中小学图书馆风采

第五篇　图书馆论文

工作室介绍

珠海市王鸿飞名教师工作室主持人简介

王鸿飞 珠海市王鸿飞名教师工作室主持人

王鸿飞，1984年6月生，男，副研究馆员，毕业于中山大学图书馆学专业，现任珠海市第三中学办公室副主任、图书馆馆长、校纪律检查委员会委员、校工会委员、支部书记，珠海市王鸿飞名教师工作室主持人，珠海市教育科研专家库专家成员，兼任珠海市教育学会图书管理专业委员会副理事长兼秘书长、珠海市教育学会第七届理事会理事、广东图书馆学会未成年人图书馆服务专业委员会委员等职务。主持省级课题5项、市级课题5项，参与省、市级课题9项。主持的科研成果"中学书香校园创新发展的研究与实践"获2017年广东教育教学成果（基础教育）一等奖，主持的科研成果"阅读的力量"获2019年珠海教育教学成果二等奖。主编（编著）著作2本，参编著作1本，主编《中小学图书馆建设实践与阅读推广》，编著《寻梦十载 书香为伴——中学图书馆特色发展之路的探索》，参与编写《读书会运营与阅读推广》。公开发表论文20多篇，论文获奖30多篇次。个人曾是2019年中国图书馆学会青年人才国际化专项资助项目资助人选（第五届全国青年人才奖），曾获全国中小学图书馆先进工作者、全国中小学图书馆榜样人物、广东省校园阅读推广人、广东省中小学"最美图书馆馆长"、2019年市直教育系统优秀党务工作者、2021年全市"两优一先"珠海市优秀党务工作者等称号，为学校获得全国职工书屋、广东省书香校园、广东省中小学"最美阅读空间"、广东省第二届中小学特色学校建设成果二等奖、珠海市中小学校特色项目、"中华传统文化经典·推广图书馆"、珠海市职工书屋等称号及荣誉贡献了力量。

一、个人获奖

（1）2021年全市"两优一先"珠海市优秀党务工作者。

（2）2019年市直教育系统优秀党务工作者。

（3）2019年中国图书馆学会青年人才国际化专项资助项目资助人选（第五届全国青年人才奖）。

（4）2017年全国中小学图书馆榜样人物。

（5）2010年全国中小学图书馆先进工作者。

（6）2019年广东省校园阅读推广人。

（7）2020年广东省中小学"最美图书馆馆长"。

二、个人著作

（1）主编《中小学图书馆建设实践与阅读推广》，广东教育出版社出版。

（2）编著《寻梦十载　书香为伴——中学图书馆特色发展之路的探索》，广东教育出版社出版。

（3）参与编写《读书会运营与阅读推广》，朝华出版社出版。

三、课题研究

（1）主持2014年广东省图书馆科研课题"全媒体环境下未成年人阅读推广的实践与研究"，优秀结题。

（2）主持2015年广东省基础教育课程体系改革研究项目"中小学图书馆（室）规范化建设标准研究"，已结题。

（3）主持广东省教育科学"十二五"规划2014年度教育信息技术研究项目"全媒体环境下学校数字资源整合与利用研究"，已结题。

（4）主持珠海市教育科研"十二五"规划课题"青少年阅读指导与阅读疗法的实践与研究"，已结题。

（5）主持2011年广东省中小学德育科研课题"中学书香校园创新发展的研究"，优秀结题。

（6）主持广东省中小学德育课题"基于系统论和方法论的德育工作体系与模式构建研究"的子课题"基于班级微图书馆的阅读推广体系研究"，已结题。

（7）主持珠海市教育科研"十三五"规划第四批（2019年）课题"新课改下中小学图书馆规范化建设与发展研究"，已结题。

（8）主持广东省教育科学"十三五"规划党建研究项目"中小学校党务工作者培训和激励机制研究"，已结题。

（9）主持珠海市中小学名教师工作室（2020—2022年）专项课题"学校图书馆馆藏资源建设的研究与实践"，已结题。

（10）主持珠海市教育科研"十四五"规划第二批（2022年度）课题"'双减'背景下中小学图书馆阅读推广研究"。

（11）参与（排名第二）广东省名班主任培养对象课题"基于特色班级活动的中学书香班级"，已结题。

（12）参与（排名第三）广东省教育科学"十二五"规划2013年教育信息技术研究项目"中学校园推广个人数字图书馆的研究与实践"，已结题。

（13）参与（排名第二）2015年广东省图书馆科研课题"中学生阅读推广常态模式研究"，已结题。

（14）参与（排名第三）珠海市教育科研"十三五"规划第二批（2017年）课题"基于微媒体的珠海地区图书馆全民阅读推广实践现状与创新研究"，已结题。

（15）参与（排名第二）2019年广东省图书馆科研课题"公共图书馆地方特色文化资源建设与服务研究——雷州石狗文化数据库建设"，已结题。

（16）参与（排名第四）珠海市"十一五"重点课题"新课程环境下珠海市中学图书馆创新服务研究"，已结题。

（17）参与（排名第八）广东省教育科学"十二五"规划课题"融合心育与德育，增强高中教育实效性研究"，已结题。

（18）参与2021年广东省图书馆科研课题"'减负'情境下学校图书馆未成年人服务的发展机遇"。

（19）参与珠海市教育科研"十三五"规划第三批（2018年）课题"核心素养视阈下高中生涯规划教育的实践研究"。

四、发表论文

（1）《珠海市中学图书馆人员素质现状与教育培训》，《图书馆论坛》，2009年第5期。独撰。

（2）《面向中学生的"微图书馆"建设探究》，《图书馆建设》，2015年第12期。独撰。

（3）《〈中小学图书馆（室）规程〉十五年后的新使命及愿景》，《图书馆杂志》，2020年第2期。独撰。

（4）《〈学校图书馆指南（第二版）〉对我国中小学图书馆的启示》，《图书馆理论与实践》，2020年第5期。独撰。

（5）《日本学校图书馆法律体系研究》，《图书馆建设》，2016年第3期。第二作者。

（6）《试谈公共文化服务体系下未成年人阅读服务的策略》，《图书馆研究》，2015年第5期。独撰。

（7）《中学图书馆自动化建设刍议》，《山东图书馆学刊》，2010年第4期。独撰。

（8）《以读书活动为载体，创新图书馆服务》，《图书馆界》，2010年第2期。独撰。

（9）《现场采购的利弊分析及解决对策探讨》，《农业图书情报学刊》，2010年第1期。独撰。

（10）《中小学图书馆现代化建设的实践与思考》，《农业图书情报学刊》，2010年第7期。独撰。

（11）《新形势下中小学图书馆功能及服务的改革与创新》，《晋图学刊》，2013年第1期。独撰。

（12）《基于微博调查的中学图书馆微博服务策略探讨》，《图书馆界》，2014年第4期。独撰。

（13）《中学生读者利用微博的行为调查及启示——以新浪微博为例》，《晋图学刊》，2014年第5期。独撰。

（14）《"班级微图书馆"：班级图书角的优化与创新》，《河南图书馆学刊》2015年第10期。独撰。

（15）《珠海市第三中学图书馆特色项目培育的实践与成效》，《中国现代教育装备》，2018年第16期。独撰。

（16）《中小学图书馆开展阅读指导与阅读疗法的现状调查》，《兰台内外》，2019年第23期。独撰。

（17）《图书馆阅读推广模式研究综述》，《图书馆界》，2016年第4期。第二作者。

（18）《刍议珠海特区中小学图书馆与其他类型图书馆之合作》，《公共图书馆》，2014年第2期。独撰。

（19）《论中学图书馆在新课程背景下的定位与作用》，《中小学图书情报世界》，2008年第11期。独撰。

（20）《新教育思潮背景下图书馆在教学中的作用》，《中小学图书情报世界》，2009年第1期。独撰。

（21）《书香校园建设的实践与思考》，《中小学图书情报世界》，2009年第9期。独撰。

（22）《营造阅读氛围 创建书香校园》，《广东省中小学德育》，2012年第6期。独撰。

（23）《阅读、分享、发展——让读书成为教师的生命常态》，《珠海教育》，2013年第2期。第一作者。

（24）《青少年阅读推广的实践与策略研究》，《播撒阅读 守望少儿幸福——青少年阅读推广理论与实践》（中国国家图书馆出版社），2012年。独撰。

（25）《浅议书香校园时代中小学图书馆的工作策略》，《广东省中小学图书馆（室）建设工作优秀论文集》（广东人民出版社），2011年。独撰。

（26）《基于书香校园理念的"微图书馆"建设探究》，汇编于《2015年中国图书馆学会年会论文集（一等奖论文）》（中国国家图书馆出版社），2015年。独撰。

（27）《公共图书馆地方特色文化资源建设与服务研究——雷州石狗文化数据库建设》，《兰台内外》，2022年2月。第二作者。

（28）《"十四五"时期中小学图书馆发展的思考》，《中国现代教育装备》，2022年第12期。独撰。

五、论文获奖

（1）论文《现场采购的利弊分析及解决对策探讨》获"广东省教育学会2009年度学术讨论会论文评比"二等奖、"珠海市2008年度教育教学论文评比"三等奖。

（2）论文《论中学图书馆在新课程背景下的定位与作用》获"广东省教育学会2008年度学术讨论会论文评比"优秀奖。

（3）论文《珠海市中学图书馆人员素质现状与教育培训》获"广东省教育学会2009年度学术讨论会论文评比"二等奖、"珠海市2009年度教育教学论文评比"三等奖。

（4）论文《书香校园建设的实践与思考》获"珠海市2009年度教育教学论文评比"三等奖。

（5）论文《浅议书香校园时代中小学图书馆的工作策略》获"第十届全国中小学图书馆工作研讨会征文活动"一等奖、"广东省中小学图书馆（室）建设工作论文评选"二等奖、"广东省教育学会2010年度学术讨论会论文评比"二等奖。

（6）论文《中小学图书馆现代化建设的实践与思考》获"广东省教育学会2010年度

学术讨论会论文评比"一等奖。

（7）论文《中学图书馆自动化建设刍议》获"广东省教育学会2010年度学术讨论会论文评比"二等奖、"2011年'华夏网信杯'中小学图书馆网络化数字化建设征文"一等奖。

（8）论文《以读书活动为载体，创新图书馆服务》获"广东省教育学会2010年度学术讨论会论文评比"二等奖、"珠海市2010年度教育教学论文评比"一等奖。

（9）论文《新形势下中小学图书馆功能及服务的改革与创新》获"广东省教育学会2011年度学术讨论会论文评比"二等奖。

（10）论文《刍议珠海特区中小学图书馆与其他类型图书馆之合作》获"广东省教育学会2011年度学术讨论会论文评比"二等奖、"珠海市2011年度教育教学论文评比"一等奖。

（11）论文《青少年阅读推广的实践与策略研究》获"2012年中国图书馆年会征文活动"二等奖、"广东省教育学会2012年度学术讨论会征文"三等奖、"珠海市2012年度教育教学论文评比"二等奖。

（12）论文《中学图书馆服务创新的思路与条件保障》获"广东省教育学会2012年度学术讨论会征文"一等奖。

（13）论文《图书馆参与构建书香校园的实践与创新策略研究》获"广东省教育学会2012年度学术讨论会征文"三等奖。

（14）论文《中学书香校园建设的指标体系与策略研究》获"2013年广东省中小学优秀德育科研成果评选"三等奖。

（15）论文《普通高中教师读书现状的调查分析及建议——以一份教师读书问卷调查为例》获"珠海市2013年度教育教学论文评比"一等奖。

（16）论文《中小学图书馆开展阅读指导与阅读疗法的调查研究》获"广东省图书馆学会2014年学术年会征文"二等奖。

（17）论文《基于微博调查的中学图书馆微博服务策略探讨》获"珠海市2014年度教育教学论文"二等奖。

（18）论文《"班级微图书馆"：班级图书角的优化与创新》获"广东省教育学会2014年度学术讨论会征文"一等奖。

（19）论文《基于书香校园理念的"微图书馆"建设探究》获"2015年中国图书馆学会年会征文"一等奖。

（20）论文《面向中学生的"微图书馆"建设探究》获"珠海市2015年度教育教学论文评比"一等奖。

（21）论文《试谈公共文化服务体系下未成年人阅读服务的策略》获"广东教育学会2015年度学术讨论会论文评选"二等奖。

（22）论文《〈中小学图书馆（室）规程〉十五年后的新使命及愿景》获"珠海市2019年度教育教学论文评比"二等奖。

（23）论文《〈学校图书馆指南（第二版）〉对我国中小学图书馆的启示》获"珠海市2020年度教育教学论文评比"三等奖。

（24）论文《"十四五"时期中小学图书馆发展的思考》获"珠海市2021年度教育教学论文评比"三等奖。

（25）论文《中学图书馆员的初心和使命》获中共珠海市委教育工作委员会"不忘初心、牢记使命"主题征文二等奖。

珠海市王鸿飞名教师工作室成员简介

麦彩云 珠海市第一中学图书馆馆长

　　麦彩云，毕业于华南师范大学信息管理系，本科学历，副研究馆员。毕业至今在珠海市第一中学做图书馆工作，前期主要负责图书采编，根据珠海一中图书馆馆藏情况和用户检索习惯，采取了相同类目下的图书按作者集中、传记按被传人集中、译著按原著作集中的类分方法，研制了珠海一中馆藏图书排架体系；经过数年孜孜不倦的躬耕，逐渐把空白的图书馆馆藏资源建设起来；2019年图书馆空间改造，组织图书剔旧和重新规划功能区的图书馆建设活动；新空间采取大开放模式，学生可背着书包在馆内自由活动，国学室、棋艺区、手工室等功能区丰富了学生的课余生活；策划和主持了珠海市第一中学4届综合性读书节活动。

一、个人获奖

　　（1）珠海市2006年度优秀图书馆管理员。

　　（2）中国图书馆学会阅读推广委员会2013年"最值得向读者推荐的一本书"馆员书评征集活动三等奖。

二、课题研究

　　（1）主持广东省教育科学"十二五"规划教育信息技术专项课题"面向中学教师的个人数字图书馆应用与研究"，已结题。

　　（2）主持2021年广东省图书馆科研课题"'减负'情境下学校图书馆未成年人服务的发展机遇"。

（3）主要参与（排名第三）珠海市教育科学"十一五"规划2007年度重点课题"新课程环境下珠海市中学图书馆创新服务研究"，已结题。

（4）主要参与（排名第二）珠海市教育科研"十二五"规划2011年度立项课题"青少年阅读指导与阅读疗法的实践与研究"，已结题。

三、发表论文

发表论文十余篇，主要有：

（1）《改善中小学图书馆人员素质与结构，适应教育信息化的要求》，《中小学图书情报世界》，2005年第1期。独撰。

（2）《要恪守"一切为了读者"的宗旨》，《山东图书馆季刊》，2005年第2期。独撰。

（3）《重点中学学生利用图书馆与课外阅读情况调查分析》，《中小学图书情报世界》，2009年第5期。独撰。

（4）《面向中学教师的个人数字图书馆需求分析和模型》，《中国现代教育装备》，2017年第22期。第一作者。

（5）《社交媒体环境下教师隐性知识共享研究》，《情报探索》，2018年第3期。独撰。

（6）《台湾地区高中图书馆馆藏发展政策及启示》，《图书馆工作与研究》，2018年第5期。独撰。

（7）《高考新形势下中小学图书馆的机遇与挑战》，《图书馆工作与研究》，2019年第1期。独撰。

（8）《中小学图书馆建立馆藏图书排架体系方法研究——以珠海市第一中学为例》，《中国现代教育装备》，2023年第10期。第一作者。

四、论文获奖

（1）论文《重点中学学生利用图书馆与课外阅读情况调查分析》获"广东省教育学会2009年度学术讨论会征文"二等奖。

（2）论文《用B/S架构系统构建中小学图书馆联盟平台》获"2010年广东省中小学图书馆建设论文"二等奖。

（3）论文《重视调查，促进图书馆工作良性发展》获"广东教育学会2012年度学术讨论会征文"三等奖。

谢惠华 珠海市第二中学图书馆馆长

　　谢惠华，毕业于华南师范大学信息管理系信息学专业，本科学历，馆员，现任职于珠海市第二中学图书馆，负责图书馆全面工作，擅长图书馆资源建设、文献采编、组织读书活动等，策划并开展了15届读书节活动；2018年实现RFID藏书智能系统管理和自助借阅，建成"师苑"特色阅读空间，参与课题6项，发表论文数篇。

一、课题研究

　　（1）主持珠海市教育科学"十一五"规划2007年度重点课题"新课程环境下珠海市中学图书馆创新服务研究"，已结题。

　　（2）主要参与全国教育科学"十五"规划教育部重点课题"中小学生学习技术的心理探究"，已结题。

　　（3）主要参与广东省教育学会"十三五"教育科研规划小课题"基于研究性学习的档案管理研究"，已结题。

　　（4）主要参与珠海市教育科研"十三五"规划第四批（2019年）课题"新课改下中小学图书馆规范化建设与发展研究"，已结题。

　　（5）主要参与珠海市教育科研"十二五"规划2011年度立项课题"青少年阅读指导与阅读疗法的实践与研究"，已结题。

　　（6）参与珠海市中小学名教教师工作室（2020—2022年）专项课题"学校图书馆馆藏资源建设的研究与实践"，已结题。

二、发表论文

　　（1）《中小学图书馆网络化建设初探》，《中小学图书情报世界》，2004年第8期。独撰。

　　（2）《信息管理与知识管理关系辨析》，《广东文化艺术论丛》，2004年。独撰。

　　（3）《论网络环境下中学图书馆的多馆协作》，《中小学图书情报世界》，2005年第9、10期。独撰。

（4）《论中学图书馆的信息资源建设》，《情报探索》，2006年第11期。独撰。

（5）《中学图书馆导读工作中的心理策略》，《中小学图书情报世界》，2008年第3期。独撰。

（6）《论珠海市公共图书馆与中学图书馆合作发展策略》，《山东图书馆学刊》，2010年第3期。独撰。

（7）《中小学图书馆建立馆藏图书排架体系方法研究——以珠海市第一中学为例》，《中国现代教育装备》，2023年第10期。第二作者。

三、获奖情况

（1）珠海市2006年度优秀图书馆管理员。

（2）论文《论珠海市公共图书馆与中学图书馆合作发展策略》荣获"2010年广东省中小学图书馆（室）建设工作论文"一等奖。

（3）论文《信息管理与知识管理关系辨析》荣获"珠海市2007年度教育教学论文评比"三等奖。

冯 琳 珠海市第一中等职业学校图书馆馆长

冯琳，毕业于华南师范大学经济与管理学院，研究生学历，馆员；毕业至今一直在珠海市第一中等职业学校图书馆工作，负责珠海一职心华校区图书馆的全面工作，包括图书采编、图书排架、图书采购、图书馆活动等，并结合本校实际制定了《珠海市第一中等职业学校图书馆规程》，从2016年4月至今主持并策划了6届"书香校园读书节"活动；经过10年的努力，积极向学校申请固定的购书经费，逐渐完善珠海一职图书馆的馆藏资源，在有限的馆舍空间内，开辟了教工书画社、一职读书吧、电子阅览区、新书展示区等功能区，逐渐把图书馆的馆藏资源与馆舍空间有效地利用起来。

一、获奖情况

全国首届图书馆杯主题海报创意设计大赛"新时代·新阅读·新未来"优秀组织奖。

二、课题研究

（1）主要参与珠海市中小学名教师工作室（2020—2022年）专项课题"学校图书馆馆藏资源建设的研究与实践"。

（2）参与珠海市教育科研"十二五"规划2011年度立项课题"青少年阅读指导与阅读疗法的实践与研究"，已结题。

（3）参与广东省教育科学"十二五"规划项目"基于教育信息化的中职生语文课外阅读实践与指导研究"，已结题。

（4）参与国家哲学社会科学基金项目"网络时代我国图书馆信息资源共建共享模式研究"，已结题。

三、发表论文

（1）《巴西图书馆信息资源共享模式研究》，《图书情报工作》，2011年第1期。第一作者。

（2）《国外信息用户研究的文献计量分析》，《图书馆学研究》，2010年第14期。独撰。

（3）《美国公共图书馆绩效评估理论研究》，《图书馆建设》，2012年第3期。第一作者。

（4）《图书馆馆员师德建设及引领学生的途径》，《广东教育（职教）》，2020年第3期。独撰。

（5）《我国图书馆资源共享经费模式研究》，《图书情报工作》，2014年第8期。第一作者。

（6）《中外图书馆联盟经费管理模式比较研究》，《图书情报工作》，2020年第19期。第二作者。

申屠芬 珠海市技师学院图书馆馆长

申屠芬，毕业于华南师范大学教育学系教育管理专业，现就职于珠海市技师学院图书馆，从事图书馆工作26年，现任珠海市技师学院图书馆馆长；全面管理吉大、金湾两校区的图书馆工作；为更好地服务于读者，于2010年3月成立了读书协会，至今已成功举办14届读书月活动；兼任珠海市教育学会中小学图书管理专业委员会副秘书长，珠海市教育学会第三届理事会理事，珠海市财政局政府采购评审专家；独立主持市级课题1项，参与省、市级课题4项，撰写论文5篇。

一、个人获奖

（1）"校园杯"技能节"教师风采"展突出贡献奖（2008年、2009年）。

（2）校级先进教育工作者（2010年、2011年、2013年、2018年、2019年）。

（3）校级优秀共产党员（2011年、2014年）。

（4）"读好书，修师德"活动一等奖（2013年）。

（5）校级年度优秀工作者（2008年、2020年）。

二、课题研究

（1）主持2021年广东省图书文化信息协会专项课题"技师学院图书馆读书协会企业化运作管理研究"，已结题。

（2）主要参与（排名第二）2021年广东省图书馆科研课题"'减负'情境下学校图书馆未成年人服务的发展机遇"，此课题在研。

（3）参与珠海市教育科学"十一五"规划2007年度重点课题"新课程环境下珠海市中学图书馆创新服务研究"，已结题。

（4）参与珠海市教育科研"十二五"规划2011年度立项课题"青少年阅读指导与阅读疗法的实践与研究"，已结题。

（5）参与珠海市中小学名教师工作室（2020—2022年）专项课题"学校图书馆馆藏

资源建设的研究与实践"，已结题。

三、发表论文

（1）《做好馆藏建设　发挥教育职能》，《成才之路》，2008年第36期。获得教育论文二等奖。独撰。

（2）《用科学发展观探讨技校图书馆的管理创新》，《成才之路》，2009年第24期。获得教育论文二等奖。独撰。

（3）《"双减"政策下中小学图书馆的发展机遇研究》，《图书馆界》，2022年第4期。独撰。

（4）《技工院校图书馆读书协会企业化管理实践探析——以珠海市技师学院图书馆为例》，《河南图书馆学刊》，2022年第8期。独撰。

（5）《职业院校基于学生职业能力提升的馆藏资源建设——珠海市技师学院馆藏资源建设的探索与实践》，《职业》，2022年第10期。独撰。

罗晓涛 北京师范大学（珠海）附属高级中学图书馆馆长

　　罗晓涛，毕业于中山大学资讯管理系图书馆学专业，本科学历，馆员，现任职于珠海市北京师范大学（珠海）附属高级中学图书馆，负责图书馆全面工作，包括图书馆空间建设、文献采编、组织读书活动等；2017年至今策划组织"方舟阅读会"，2019年、2020年负责图书馆空间改造，参与课题项目若干，发表论文5篇；担任珠海市教育学会图书馆管理专业委员会第四届、第五届理事会副秘书长。

一、获奖情况

（1）2014年"书香校园"建设先进个人。

（2）2019年市直教育系统优秀党员。

（3）2019—2020年度校级优秀党员。

（4）2020—2021年度校级先进教育工作者。

二、课题研究

（1）参与珠海市教育科研"十三五"规划第四批（2019年）课题"新课改下中小学图书馆规范化建设与发展研究"，已结题。

（2）参与珠海市教育科研"十二五"规划2011年度立项课题"青少年阅读指导与阅读疗法的实践与研究"，已结题。

（3）参与珠海市教育科研"十一五"规划2007年度重点课题"新课程环境下珠海市中学图书馆创新服务研究"，已结题。

（4）参与2011年广东省中小学德育科研课题"特区中学书香校园创新发展研究"，已结题。

（5）参与广东省教学科学"十二五"规划2013年度教育信息技术研究项目"中学校园推广个人数字图书馆的实践与研究"，已结题。

（6）参与珠海市王鸿飞名教师工作室（2020—2022年）专项课题"学校图书馆馆藏资源建设的研究与实践"，已结题。

三、发表论文

（1）《基于微信公众平台的图书馆信息推送服务》，《图书馆学刊》，2014年第4期。独撰。

（2）《探索移动图书馆服务新模式——以上海图书馆"手机图书馆"为例》，《图书馆论坛》，2013年第3期。独撰。

（3）《浅析公共图书馆在线教学平台——以东莞市民学习网为例》，《图书馆论坛》，2010年第4期。独撰。

（4）《基于Wiki协作系统的学科知识库构建》，《图书馆理论与实践》，2009年第3期。第二作者。

（5）《面向中学教师的个人数字图书馆需求分析和模型》，《中国现代教育装备》，2017年第22期。第三作者。

罗卫 珠海市理工职业技术学校图书馆馆长

    罗卫，助理馆员，毕业于中山大学图书馆学专业，大学本科学历；现就职于珠海市理工职业技术学校图书馆，担任第四届、第五届珠海市教育学会图书管理专业委员会常务理事，主要从事阅读推广、图书采编、馆藏资源建设等工作；多次组织策划珠海市理工职业技术学校"世界读书日"系列读书活动。

一、获奖情况

（1）2019—2020学年第二学期校级"优秀教师"。

（2）2021—2022学年第一学期学校官微优秀通讯员。

（3）2021年第五届广东省职业院校"学问杯"影评大赛优秀组织个人奖。

二、课题研究

（1）参与珠海市教育科研"十二五"规划2011年度课题"青少年阅读指导与阅读疗法的实践与研究"，已结题。

（2）参与珠海市教育科研"十三五"规划第四批（2019年）课题"新课改下中小学图书馆规范化建设与发展研究"，已结题。

（3）参与珠海市王鸿飞名教师工作室（2020—2022年）专项课题"学校图书馆馆藏资源建设的研究与实践"，已结题。

（4）参与珠海市教育科研2021年度专项微课题"中职班级落实'读物管理'的实践研究"，已结题。

三、发表论文

（1）《中职学校图书馆学生社团建设探索与实践》，《新校园》，2014年第8期。独撰。

（2）《提高中职学校图书馆吸引力的发展策略探讨》，《现代职业教育》，2015年第29期。独撰。

（3）《论职业中学图书馆读者的教育方法》，《速读（下旬）》，2016年第2期。独撰。

李 兰 珠海市第三中学图书馆馆员

李兰，馆员，2007年毕业于中山大学图书馆学专业，本科学历；现就职于珠海市第三中学图书馆，担任珠海市教育学会图书管理专业委员会常务理事，主要从事图书采编、馆藏资源建设、报刊管理、阅读推广等工作；主持珠海市级微课题1项，参与省、市级课题研究若干项。

一、个人获奖

（1）珠海市第三中学"先进教育工作者"（2017年、2018年、2020年、2021年）。

（2）珠海市第三中学"优秀教辅人员"（2013年、2010年）。

（3）广东省中小学教师教育技术能力建设项目中级培训"优秀学员"（2012年）。

（4）珠海市第三中学"抗击疫情志愿者"。

二、课题研究

主持市级微课题1项，参与省市课题9项。主要参与的科研成果"中学书香校园创新发展的研究与实践"获2017年度广东教育教学成果（基础教育）一等奖，主要参与的科研成果"阅读的力量"获2019年珠海市教育教学成果二等奖。

（1）主持珠海市教育科研"十二五"规划2014年度微课题"全媒体时代学校图书馆图书资源利用的策略研究"，优秀结题。

（2）参与（排名第三）广东省教育科学"十二五"规划2014年度教育信息技术研究项目"全媒体环境下学校数字资源整合与利用研究"，已结题。

（3）参与（排名第四）2015年广东省基础教育课程改革项目"中小学图书馆（室）规范化建设标准研究"，已结题。

（4）参与（排名第二）广东省中小学德育课题"基于系统论和方法论的德育工作体系与模式构建研究"的子课题"基于班级微图书馆的阅读推广体系研究"，已结题。

（5）参与（排名第七）2011年广东省中小学德育科研课题"中学书香校园创新发展

的研究", 优秀结题。

（6）参与（排名第二）珠海市教育科研"十三五"规划第四批（2019年）课题"新课改下中小学图书馆规范化建设与发展研究", 已结题。

（7）参与（排名第五）珠海市教育科研"十二五"规划课题"青少年阅读指导与阅读疗法的实践与研究", 已结题。

（8）参与（排名第六）珠海市教育科研"十一五"规划重点课题"新课程环境下珠海市中学图书馆创新服务研究", 已结题。

（9）参与（排名第六）广东省教育科学"十二五"规划项目"提升中学生美学素养与创新教学方式的研究——转变教学方式提升中学生美术素养的实践研究", 已结题。

（10）参与珠海市王鸿飞名教师工作室（2020—2022年）专项课题"学校图书馆馆藏资源建设的研究与实践", 已结题。

三、参编著作

（1）参与编写《中小学图书馆建设实践与阅读推广》, 广东教育出版社出版。

（2）参与编写阅读校本课程《书海听涛 享受阅读——青少年阅读引导读本》。

四、发表论文

（1）《珠海市中学图书馆期刊资源现状及开发利用策略》,《图书馆界》, 2010年第5期。独撰。

（2）《新课程环境下中学图书馆员的素质结构》,《科技情报开发与经济》, 2011年8期。独撰。

（3）《中学图书馆编目外包的质量控制——以珠海市第三中学图书馆为例》,《中国校外教育》, 2014年第5期。独撰。

五、论文获奖

（1）论文《珠海市中学图书馆期刊资源现状及开发利用策略》获"广东省中小学图书馆建设工作论文评选"二等奖。

（2）论文《中学图书馆编目外包的质量控制——以珠海市第三中学图书馆为例》获"珠海三中优秀教育教学论文评选"优秀奖。

舒 婵 珠海市第一中学图书馆助理馆员

舒婵，毕业于武汉大学图书馆学专业，硕士学历，助理馆员；本科和硕士均就读于武汉大学信息管理学院图书馆学系；硕士研究方向为数据科学、健康医疗、知识组织与知识管理等；现工作于珠海市第一中学图书馆，主要从事阅读推广、图书编目、活动策划、读者服务、流通管理、学生管理等工作。

一、课题研究

（1）主要参与教育部哲学社会科学研究重大课题攻关项目"'一带一路'沿线国家多语种、共享型经济管理数据库建设研究"，已结题。

（2）主要参与广东省图书馆科研项目"'减负'情境下学校图书馆未成年人服务的发展机遇"。

（3）参与珠海市教育科研"十三五"规划第四批（2019年）课题"新课改下中小学图书馆规范化建设与发展研究"，已结题。

（4）参与珠海市王鸿飞名教师工作室（2020—2022年）专项课题"学校图书馆馆藏资源建设的研究与实践"，已结题。

二、发表论文

（1）《在线医疗社区医患群体及问答记录特征研究——以"好大夫在线"糖尿病主题分析为例》，《图书馆论坛》，2019年第7期。第二作者。

（2）《〈信息组织原理与利用〉MOOC课程的建设与启示》，《高校图书馆工作》，2019年第4期。第二作者。

（3）《信息资源开发与利用研究进展：社区交互、多维计量与智能系统》，《图书情报知识》，2017年第4期。第三作者。

（4）《2014—2018年国内外图书情报与档案管理学科研究热点比较分析》，《图书与情报》，2020年第1期。第四作者。

林宇航 珠海市卫生学校图书馆助理馆员

林宇航，助理馆员，毕业于中山大学信息管理学院图书情报专业，硕士研究生，现就职于珠海市卫生学校图书馆，主要从事阅读推广、信息资源建设等工作；参与广东省基金项目课题若干。

一、课题研究

（1）参与广东省自然科学基金面上项目"面向粤港澳大湾区的基础科学研究中心转移规律及其应用研究"。

（2）参与广东省科技计划软科学重点项目"基于科学大数据的新能源领域前沿技术预测研究"，已结题。

（3）参与广东省软科学研究计划项目"面向粤港澳大湾区的科技评价机制、方法与应用研究"，已结题。

二、发表论文

《基于融合数据和生命周期的技术预测方法：以病毒核酸检测技术为例》，《情报学报》，2021年第5期。第二作者。

第二篇

工作室活动简报

专家指导拓视野，教研交流促成长

——2020年珠海市中小学图书馆管理员全员培训成功举行

2020年10月22日至23日，珠海市中小学图书馆管理员全员培训会在珠海市金鼎中学举行，该培训会由珠海市教育研究中心主办，珠海教育学会图书管理专业委员会协办，培训的主题包括图书馆职称申报、图书馆未成年人服务、图书馆社团管理与阅读推广等。

工作室成员与专家合影

22日上午，广东技术师范学院图书馆研究馆员黄燕君老师为我们分享了"申报职称填表技巧及今年申报简况"的报告，黄老师结合实例为我们讲述了填表技巧、答辩注意事项和职称评审简况。

黄燕君老师做专题讲座

22日下午，金鼎中学的夏菲老师为大家分享了初中阶段阅读的重要性——"'以读攻读'为良方"讲座。夏老师认为阅读是学生生活中不可或缺的有机组成部分，阅读不应该只发生在语文课堂上，家庭、教室、图书馆都应该成为阅读圣地。

夏菲老师进行经验分享

姚玉琛校长做专题讲座

随后，礼和小学的姚玉琛校长带来了题为"阅读是教育的底色"的讲座，以图书馆的阅读活动为例，希望孩子们能通过阅读了解生命，让阅读成为生活的一部分。

接着，珠海市理工职业技术学校的罗卫老师分享了"图书馆学生社团管理与阅读推广"的报告，介绍了该学校图书馆书友社成立的背景、意义和阅读推广活动。

23日上午，华南师范大学束漫教授做了"图书馆成年人服务及合作"的报告，介绍了阅读的治愈力、关于差异儿童的关注及图书馆服务、图书馆相关学会的活动等。演讲引起在座老师们的深思，讲座结束后，老师们纷纷找束教授做了进一步交流。

束漫教授做专题讲座

为期两天的珠海市中小学图书馆管理员全员培训会顺利结束了，图书馆的老师们收获颇丰，在学习的同时也思考着如何利用图书馆提供更多的服务，尤其是对于差异儿童的关注。只要我们想做得更好，我们能做的就还有很多。努力让图书馆成为更懂读者、更爱读者的场所，是我们图书管理员义不容辞的责任。

广东省立中山图书馆、东莞图书馆专家
受邀对珠海市王鸿飞名教师工作室
进行课题研究及论文写作指导

2021年10月26日至27日，珠海市教育研究院举办了珠海市中小学图书馆管理员全员培训，会上邀请图书馆学界知名的专家、学者对珠海市中小学图书馆管理员进行培训。其间，王鸿飞馆长主持的珠海市王鸿飞名教师工作室按照工作室的教研活动计划，在珠海市第二中学图书馆召开工作室研讨会议，由王鸿飞老师带领工作室成员与专家进行研讨交流。研讨会邀请东莞图书馆的研究馆员冯玲副馆长和广东省立中山图书馆《图书馆论坛》期刊刘洪副主编进行分享，主题分别是课题研究和学术论文写作。会议由工作室主持人王鸿飞馆长主持。

26日，工作室邀请东莞图书馆的研究馆员冯玲副馆长对工作室专项课题进行指导。

首先，冯玲副馆长就冯琳、王鸿飞主持的工作室专项课题"学校图书馆馆藏资源建设的研究与实践"谈了一些看法，肯定了课题的现实意义和开拓性，同时就课题中要解决的问题与课题组成员进行了交流。

冯玲副馆长进行课题指导

工作室成员参加课题交流

其次，冯玲副馆长与工作室成员围绕馆藏资源建设、中小学推荐书目、数字资源使用等话题进行研讨。工作室成员针对推荐书目存在滞后性、实用性不强等不足，提出书目的更新和剔旧需要结合读物管理、审查清理等政策，以确保推荐书目发挥最大的作用。最后，工作室成员交流了数字资源在使用上面临的困境。一方面，图书馆建设中要求合理地收藏纸质资源和数字资源；另一方面，在现实的中小学教育中，学生不被允许带手机等电子设备进校，这就使得数字资源的利用率非常低。

王鸿飞馆长汇报课题情况

研讨会上，冯玲副馆长认为可以充分利用阅读课来进行阅读推广工作。此外，冯玲副馆长还介绍了东莞图书馆的少儿阅读、家庭图书馆项目和内部刊物的情况。她提到，东莞少儿图书资源占比几乎达到了图书馆资源的一半，对少儿阅读非常重视。东莞图书馆开展了家庭图书馆项目，一个家庭可以借200本书，家庭图书馆同时要承担邻居的阅读服务和阅读活动。冯玲副馆长还给工作室成员带来了东莞图书馆的内部刊物——《易读》，其由东莞图书馆、中国图书馆学会图书馆与社会阅读委员会共同推出，旨在倡导"全民阅读"，加强图书馆与阅读界、书业界、读者间的交流。其栏目内容涉及图书导读、学习方法、数字阅读、藏书出版、阅读活动等各方面，真正做到了雅俗共赏。

冯玲副馆长指导业务工作

27日，工作室邀请广东省立中山图书馆《图书馆论坛》刘洪副主编对工作室成员进行科研论文撰写与发表的指导。

　　首先，工作室成员纷纷表示，在中小学环境中，不知道如何进行论文选题，大多数情况下，只能形成类似工作总结的"论文"，而无法形成系统性的、理论性的科学研究。论文写作存在"重实践，轻理论"的情况。刘洪副主编认为，无法进行论文选题的根源在于阅读量不够，对于该学科的知识储备不够、对前沿发展不够了解，导致选题无从下手。他建议工作室定期举行阅读专业论文、专业著作的分享会。

工作室成员参加论文写作交流会　　　　　　　　　刘洪副主编进行论文写作指导

　　其次，刘洪副主编对论文选题和发表提出了自己的思考。他认为，在选题前，应该充分了解阅读政策，可以从五年规划中找到相应的支撑点。然后再从省里出台的相关文件中找到具体的落脚点。另外，他认为科研只能靠自己，无法从他人的帮助中获得成长。需要充分挖掘自身的潜能，潜心钻研，充分阅读后才能了解问题。就像刚开始认识一个人时觉得他优点很多，但随着深入接触，会发现他也有很多缺点。选题亦是如此，刚开始觉得别人的论文研究很全面合理，但随着阅读的深入，会发现也有"千疮百孔"的论文，那么此时就是创新的最佳时机。另外，刘洪副主编认为，多参与高校科研团队的研究工作，可以磨炼自身的科研能力，认为中小学图书馆需要和高校图书馆、公共图书馆开展紧密合作。

工作室成员与刘洪副主编互动交流

随后，刘洪副主编结合自己的科研工作、编辑工作，与其他图书馆员谈了总结体会，提出"工作项目化、项目科研化、科研学术化"的理念，工作室成员深受鼓舞，纷纷表示可以效仿实践。

研讨会后，工作室成员分别与两位专家在珠海市第二中学图书馆门口进行了合影留念。在两天的研讨会中，工作室成员与专家进行了关于科研课题申报、学术发表论文等问题的研讨。工作室成员纷纷表示，后期将加强工作室的阅读分享，提升知识储备，了解学科前沿，更好地为科研工作服务。

工作室成员与冯玲副馆长合影

工作室成员与刘洪副主编合影

高新区举办中小学图书馆建设
与阅读推广培训活动[①]

为进一步提高我区学校图书馆管理人员的专业水平和业务素质，深入推广中小学阅读，高新区举办了全区公、民办中小学图书馆建设与阅读推广培训活动，区属学校图书管理员、语文阅读教学教师参与培训。这也是高新区首次举办图书管理与阅读推广专题培训，标志着高新区图书管理与阅读推广工作进入新阶段。

活动于2020年11月17日上午在珠海市唐国安纪念学校心花书苑图书馆开展，活动邀请珠海市王鸿飞名教师工作室主持人王鸿飞老师主讲。王鸿飞老师现任珠海市第三中学图书馆馆长，曾获中国图书馆学会主讲第五届全国青年人才奖、全国中小学图书馆先进工作者、全国中小学图书馆榜样人物、广东省校园阅读推广人等荣誉。培训讲座上，王老师分享了自己多年来的图书馆管理经验，强调老师本身就是一颗阅读的种子，只有老师爱上阅读，学生才能受到熏陶和感染，老师们纷纷就图书管理和阅读推广的思考与王老师进行深入交流。王老师还与活动承办学校唐国安纪念学校交流经验。

唐国安纪念学校罗琳校长和与会人员分享了唐国安纪念学校图书馆建立的历程和文化底蕴，期待通过此类活动在提升教师能力的同时也能让孩子受益，让更多的孩子领略阅读的魅力，进而爱上阅读。

著名教育家苏霍林姆斯基说过："一个学校可以什么都没有，但不能没有图书馆。"通过本次培训，参培教师更加明确了图书馆建设管理与阅读推广的重要性，在今后的教学中，让学生读好书、好读书，以身示范，加强自我阅读提升，改进阅读教学策略。为了让老师们学业务、长技能、促发展，高新区社会事业局将持续提供交流的机会，为高新区的中小学教师搭建学习的平台。

---

① 本文原载于2020年11月23日"高新区社会保障和公共事业局信息"第140期。

参培人员合影

讲座间隙交流

珠海市第三中学举行"珠海市名教师工作室"揭牌仪式

李革校长在揭牌仪式上致辞

2020年12月3日,"珠海市谢承斌名教师工作室""珠海市袁也晴名教师工作室""珠海市王鸿飞名教师工作室"在珠海市第三中学揭牌成立,珠海市教育研究中心英语教研员李昂老师、珠海市图书馆黄海明副馆长、珠海市第三中学校领导班子以及名教师工作室成员受邀出席揭牌仪式。

珠海市第三中学党委书记、校长李革在揭牌仪式上致辞。随后,李革校长分别给黄玉平主任、李昂老师、黄海明副馆长颁发了"珠海市名教师工作室"顾问聘书,并进行了"珠海市名教师工作室"揭牌仪式。

李革校长颁发"珠海市名教师工作室"顾问聘书

"珠海市王鸿飞名教师工作室"揭牌

揭牌仪式上，珠海市王鸿飞名教师工作室主持人及学员代表分别发言。珠海市王鸿飞名教师工作室主持人王鸿飞、成员冯琳先后进行了发言。随后，珠海市教育研究中心英语教研员李昂老师对名教师工作室进行了指导发言。

"珠海市王鸿飞名教师工作室"主持人王鸿飞老师发言　　学员代表：珠海市第一职业学校冯琳老师发言

最后，珠海市教育研究中心英语教研员李昂老师对名教师工作室寄语：名教师工作室的成立是一个新的起点，希望工作室主持人及成员都能够保持好学、进取、奉献的精神，研究"真问题"，到"真成果"中加强跨学科、跨区域、跨学段的交流，携手促进和提升区域教育影响力。

英语教研员李昂老师指导发言

与会人员合影

2020年10月27日新一轮珠海市名教师工作室授牌仪式在珠海市教育局举行

珠海市王鸿飞名教师工作室到珠海一中
图书馆进行研讨交流

2020年12月23日，按照珠海市王鸿飞名教师工作室教研活动计划安排，工作室主持人王鸿飞馆长带领工作室成员到珠海市第一中学图书馆进行参观学习，并组织开展了工作室第二次工作会议。

珠海市一中图书馆因为空间改造需要，正在进行第二期装修收尾工作。图书馆馆长麦彩云老师带领工作室成员参观了装修后的图书馆，并介绍了空间改造的缘由和理念。一进图书馆大厅，就能看到图书馆一层与二层通过"中空庭院"的设计进行了连通，显得房顶更高、空间更开阔。

"中空庭院"设计

图书馆改造中，书架改造是最明显的，将不锈钢的高层书架改造成较矮的木质书架和异形书架，这样做的目的：一是烘托图书馆的温馨感；二是营造图书馆的宽阔感；三是增添图书馆的设计感。原来的书架为钢板材质，质感和色调都显得很冷；现在的书架为木质书架，给人一种温暖的感觉，让师生在图书馆读书时感到倍加温馨。以前的书架很高，读者进馆后有很强的压迫感，现在改成矮书架，读者一眼便能窥视一层图书馆的全貌，让读者觉得很通透。除了规整的书架外，还有一些错落有致的异形书架，如螺旋式的、马形的、兔形的等。书架上面除了摆书，还可以放置一些小摆件，让图书馆显得更加生动有趣。

木质书架和马形异形书架

兔形异形书架

为了给读者营造舒适的阅读空间，图书馆还增添了有不同样式的沙发、凳子的休息区。总之，改造后的图书馆空间布局更为人性化、功能分区更合理、阅读环境更舒适。

休闲沙发　　　　　　　　　　　　　　休闲区

工作室举行研讨会

参观结束后，在王鸿飞老师的组织下，工作室成员在图书馆研修室进行第二次课题组会议。这次会议由王鸿飞老师主持。会前，王鸿飞老师给工作室成员分发了《工作室暨课题研究行事历》，明确说明了各个阶段各成员的任务安排。会中，王鸿飞老师细致讲解了行事历，主要包括两个阶段的内容：第一阶段是前期准备阶段，主要是组建课题组研讨、收集课题研究文献资料和填写课题申报书；第二阶段是工作室揭牌。具体的研究工作包括：工作室揭牌、开展交流讨论会、收集资料和学习交流、开展个人带动师生阅读计划、制订个人年度成长计划、搜集珠海中小学图书馆资料、完成问卷调查、著名图书馆参观学习、完成论文等。就近期的工作而言，需要完成工作室公众号的注册和运营、参考文献索引的编制等。随后，工作室成员就各个任务进行深入交流和探讨，并积极建言献策。

会后，工作室成员在珠海一中图书馆门口进行合影。通过此次图书馆参观交流活动，工作室成员纷纷表示收获了图书馆空间改造的经验。经过第二次课题组会议，各成员明确了目标，将群策群力，共同完成课题研究，团结协作，推动中小学图书馆事业发展。

与会人员合影留念

珠海市名教师工作室专项课题举行开题仪式

2021年3月12日下午，新一轮珠海市中小学名教师工作室（2020—2022年）专项课题开题仪式在学校二楼会议室举行。珠海市王鸿飞名教师工作室等工作室的主持人、课题主持人、课题成员以及学校马清太副校长、教研室陈维涛主任等参加了开题仪式。本次开题指导专家包括市教研院教育技术研究室代毅主任，市教研院义务教育研究室负责人、义务教育语文教研员储强胜老师，市教研院教研员颜穗芬老师。会议由颜穗芬老师主持。

专项课题开题会现场

开题仪式上，王鸿飞名教师工作室的专项课题"学校图书馆馆藏资源建设的研究与实践"由课题负责人冯琳老师作开题汇报。另外，付雪莲名教师工作室的专项课题"珠澳共读：小学整本书阅读教学研究"由课题组成员徐飞飞老师作开题汇报。课题专家组分别对两个课题进行评议，对课题论证要点逐项进行评议，并提出具体的修改意见。工作室主持人及课题主持人进行现场答辩，虚心听取专家意见，并表态将根据专家意见和建议完善课题的开题报告，认真制订课题实施方案，开展课题的研究，确保课题研究取得预期的研究成果。

冯琳老师作开题汇报

储强胜

颜穗芬

代 毅

课题专家对课题进行评议

工作室主持人王鸿飞老师进行答辩

在开题仪式上，专家组现场颁发了专项课题的立项证书。根据课题指导专家组的意见，工作室的专项课题正式通过开题。

颁发专项课题立项证书并合影

珠海市王鸿飞名教师工作室到北师大 （珠海）附中开展研讨交流

2021年3月18日，珠海市王鸿飞名教师工作室按照工作室的教研活动计划，由王鸿飞老师带领成员来到北京师范大学（珠海）附属高级中学图书馆进行参观学习，并组织召开了工作室第二次研讨会。

王鸿飞名教师工作室第二次研讨会由王鸿飞老师主持。此次会议以"空间再造、资源建设与阅读推广"为主题，参与人员包括珠海市王鸿飞名教师工作室成员、珠海市教育学会图书管理专业委员会常务理事、理事以及自愿参加的各校图书馆老师。

首先，王鸿飞老师介绍了本次研讨会的主题和议程，并对来参与研讨会的教师表示了欢迎和感谢。

王鸿飞馆长主持会议

接着，北师大（珠海）附中图书馆罗晓涛馆长就空间改造经验进行了分享。由于北师大（珠海）附中图书馆刚刚结束了新一轮的空间改造，罗老师对其记忆犹新，并且在空间改造中积累了很多经验，希望通过此次分享让其他图书馆老师在进行图书馆改造时更加顺利。罗晓涛馆长认为，在进行空间改造前，需要进行提前规划和整体设计，以保持整体风格一致。然后还要对这些方案进行集体讨论，结合图书馆的现实需求进行改造。在改造中应该考虑灯光、通风、强电、弱电、网络、视觉、空调、湿度、通行、材料、消防和开关等各种细节。如阅读区应该放在靠近自然光源的位置，如窗边。而书籍应该远离窗户，以防止书籍因过度暴晒而变得陈旧。另外，需要利用显眼的位置进行图书推荐和主题阅读。罗晓涛馆长在图书馆进门的位置放置了一个矮书架，对新书进行推荐，或者举办主题阅读活动，十分醒目，收到了很好的活动效果。

罗晓涛馆长发言

随后，珠海市第一中等职业学校的冯琳老师对中小学图书馆馆藏资源建设经验进行了分享。冯琳老师首先对馆藏资源建设的内涵进行了阐释，其次分别从馆藏规划、文献选择和文献收集、馆藏评价、馆藏复选、馆藏组织和管理、馆际合作等方面经验进行了分享，最后结合课题内容对中小学图书馆馆藏建设进行了说明和规划。

冯琳老师发言

接下来，工作室主持人王鸿飞老师对工作室2021年的工作安排及工作室专项课题推进做了介绍，并带领参会老师对珠海市教育学会图书管理专业委员会2021年相关工作进行了讨论。最后，老师们就即将到来的"4·23"世界读书日的读书活动进行了交流，包括举办阅读推广活动的方案分享等。

研讨结束后，在罗晓涛老师的带领下，老师们对图书馆的改造成果进行了参观，发现了很多不错的空间改造设计。比如，设计了开放的讨论室，并用书架对空间进行隔断，可以同时供几个群体进行学习讨论，且不会让空间变得闭塞。

参观结束后，工作室成员和参与研讨的老师们在北师大（珠海）附中图书馆——凤凰书院门口进行了合影。

通过本次研讨会，成员们收获颇多，尤其是对于空间改造和馆藏建设收获了很多的经验。老师们将结合经验分享图书馆和自身发展的需要，对图书馆进行更好的建设，共同推进中小学图书馆的空间再造和资源建设工作，并设计更多有效、有趣的阅读推广活动，使读者享受更好的图书馆服务。

与会人员讨论工作并合影

北师大（珠海）附中图书馆剪影

与会人员在凤凰书院门口合影

珠海市王鸿飞名教师工作室到珠海市卫生学校参观交流

2021年5月20日，珠海市王鸿飞名教师工作室按照工作室的教研活动计划，由王鸿飞老师带领工作室成员及珠海市教育学会图书管理专业委员会常务理事、理事和自愿参加的各校图书馆老师来到珠海市卫生学校图书馆进行参观学习，并组织召开工作室第三次研讨会议。本次研讨会以"学校图书馆建设实践与阅读推广"为主题，由珠海市卫生学校高凌老师、珠海市斗门区齐正小学廖倩蓝老师和珠海市第三中学的关婷老师等进行主题发言。会议由工作室主持人王鸿飞馆长主持。

首先，工作室成员及其他老师在珠海市卫生学校图书馆林利芳老师的带领下参观了卫校图书馆。图书馆的密集书库让参观的各位老师非常感兴趣。

王鸿飞馆长主持会议　　　　　　与会人员参观珠海市卫生学校图书馆

接着是各位老师的分享环节。首先，珠海市卫生学校图书馆的高凌老师分享了图书馆建设实践与阅读推广活动。高老师介绍了珠海市卫生学校图书馆从旧馆到新馆的变迁。比起旧馆，新馆在基础设施、空间设计和图书资源上都有明显的优化。另外，图书馆设有学生管理团队，主要负责日常业务的处理和阅读推广工作。在读书节活动期间，图书馆举办了书展、中医常识问答和"你比画我猜"游戏等。

高凌老师分享经验

接下来，齐正小学的廖倩蓝老师以"悦读悦美、幸福成长"为主题向大家分享了齐正小学"书香校园"系列活动。齐正小学是一个相当年轻的学校，目前举办了首届阅读推广活动。该校从营造读书环境、美化班级图书角、赠送学生书籍、开设阅读课、开展好书推荐会、举行图书交换活动、设置学生图书馆管理员、邀请家长进行亲子阅读等各方面将学生、教师和家长联系起来共同打造书香校园，成果颇丰。

廖倩蓝老师分享经验

最后，由珠海市第三中学图书馆的王鸿飞馆长和关婷老师为大家分享了该校第十二届图书馆文化节系列活动。系列读书活动包括读书征文、阅读之星评选、最美班级微图书馆建设、知识竞猜、卡片配对、寻找图书借阅史、书展、真人图书馆、书单分享、中国地名解锁等。在选择阅读推广活动时，重视学生的兴趣，引进流行活动，如飞花令等。其次，为了调动学生的积极性，设置了物质奖励，并设置了"锦鲤抽奖"，提高了活动的趣味性。

关婷老师分享读书活动情况

王鸿飞馆长总结发言

在各位老师的主题分享后，与会老师对学校图书馆的建设和阅读推广活动进行了讨论和交流。大家纷纷表示读书节活动能够吸引大量学生到馆阅读，但仍然需要在读书活动的形式和内容上进行创新。

讨论结束后，工作室主持人王鸿飞老师对参观及研讨交流活动进行了总结，并对工作室下一步的工作进行了安排，对工作室成员未完成的工作进行了督促。另外，在阅读推广方面，王鸿飞老师表示："希望各馆、各位老师在推广活动方面做好守正创新，积极创新活动方式，同时对阅读推广工作要做到坚持、坚持、再坚持。"

会后，工作室成员及与会老师在图书馆大厅进行了合影。

与会人员合影留念

"2021年广东省中小学图书管理员宣讲活动（粤东地区）"在汕头市金山中学成功举办

为发挥学校图书馆的育人功能，助力"书香校园"建设，省教育厅在粤东、粤西、粤北地区分别开展了"2021年广东省中小学图书管理员宣讲活动"。2021年10月21日至22日，活动第一站（粤东地区）在汕头市金山中学图书馆学术报告厅成功举办。

省教育厅二级巡视员黄友文、省教育装备中心主任林锡江、广东新华发行集团股份有限公司总经理何宝贤、市教育局和市教师发展中心有关领导出席活动，本校李丽丽校长、吴进南副校长代表学校出席活动，汕头、揭阳、潮州、汕尾、梅州五市教育部门负责图书装备的同志，以及中小学校长和图书馆馆长等约120人参加活动。活动由省教育装备中心张宏伟副主任主持。

本次活动还邀请省中小学图书馆领域知名的图书馆馆长为学员带来专题讲座，包括中小学图书馆新政策与新使命的解读、中小学阅读空间与书香校园建设、中小学图书管理员的自我成长与价值实现等，同时邀请获得省中小学"最美阅读空间""最美图书馆馆长"等称号的学校代表做经验分享。

　　珠海市王鸿飞名教师工作室主持人、珠海市第三中学图书馆馆长王鸿飞受邀参加"2021年广东省中小学图书管理员宣讲活动"（粤东地区），并做《中小学图书馆（室）的新政策与新使命》的专题讲座。

　　与会的中小学校长和图书馆馆长纷纷表示，此次宣讲活动内容丰富、针对性强，为提升中小学图书馆管理员专业知识技能提供了宝贵的平台。

王鸿飞馆长做专题报告

任勇馆长（左一）、廖帆科长（左二）、张宏伟副主任（右二）、王鸿飞馆长（右一）

珠海市王鸿飞名教师工作室到唐国安纪念学校
开展教研活动并启动主题阅读计划

2021年12月22日，珠海市王鸿飞名教师工作室按照工作室的教研活动计划，由王鸿飞老师带领工作室成员来到珠海市唐国安纪念学校参观学习，开展工作室教研活动并启动了主题阅读计划。本次研讨会的内容包括推进工作室专项课题"学校图书馆馆藏资源建设的研究与实践"、工作室主题阅读计划启动仪式、安排2022年主题阅读计划、学习《广东省图书资料专业技术人才职称评价标准条件》、参观唐国安纪念学校图书馆等。会议由工作室主持人王鸿飞馆长主持。

工作室教研活动现场

首先，王鸿飞老师对工作室专项课题"学校图书馆馆藏资源建设的研究与实践"的进度进行了说明，强调了问卷调查数据薄弱并亟待丰富等问题，并督促工作室成员完成相关的工作。

接着，在王鸿飞老师的带领下，

工作室主持人王鸿飞馆长进行工作部署

工作室启动了"主题阅读"计划，该计划旨在促进成员培养阅读习惯，提升专业素养。王鸿飞老师带来了数十本与图书馆相关的书籍，每位工作室成员领取若干本进行阅读，以便在之后的工作室研讨会上进行汇报、交流和探讨学习。"主题阅读"计划针对2021年12月份和2022年全年做出了详细的安排，主题涉及政策学习、图书馆发展、馆藏资源建设、中小学图书馆管理及实践、图书馆学理论、图书馆管理、阅读推广、研究学习方法、空间服务、图书馆服务、阅读疗法、阅读指导、家庭阅读等各个方面。阅读的内容也十分丰富，包括图书、论文、文件等各种类型。会议要求每位工作室成员选择若干本图书进行学习和汇报。

"主题阅读"计划启动仪式

会上，按照"主题阅读"计划，王鸿飞老师带领工作室成员学习了与图书馆相关的政策、制度、标准和规程等，督促工作室成员对照《广东省图书资料专业技术人才职称评价标准条件》，不断提升专业水平，进一步做好图书馆工作、提炼工作经验、总结工作成果，将实践升华为理论，从而推进论文的撰写和发表。

王鸿飞老师进行解读政策发言

　　接下来，在唐国安纪念学校吴丽莎主任的带领下，工作室成员参观了唐国安纪念学校的图书馆。吴丽莎老师为大家解读了"心花树"和升降座椅的设计等。

工作室成员参观唐国安纪念学校的图书馆

　　会后，工作室成员在唐国安纪念学校图书馆"心花树"下进行了合影留念。

工作室成员合影

珠海市教育科研"十三五"规划
第四批（2019年度）课题顺利结题

2021年12月22日下午，珠海市教育科研"十三五"规划第四批（2019年度）课题的结题仪式在唐国安纪念学校举行。结题会由珠海市教研院刘晓霞老师主持，由高新区社会事业局教师发展中心曹智琴主任担任鉴定专家组组长、珠海市教研院兼职教研员吴彦文、珠海市图书馆副馆长黄海明担任专家评委，唐国安纪念学校罗琳校长、吴丽莎主任及课题组成员出席了会议。其中珠海市第三中学图书馆馆长王鸿飞主持的课题"新课改下中小学图书馆规范化建设与发展研究"在本次结题仪式上经过专家组查阅课题成果资料、听取结题报告、问辩和评议、讨论并汇总书面结题意见等各个环节的审查，顺利完成结题。

结题会现场

课题主持人王鸿飞针对"新课改下中小学图书馆规范化建设与发展研究"作了结题汇报，从课题研究背景、研究现状、研究内容、研究成果、研究展望等方面进行了阐述。

珠海市图书馆副馆长黄海明肯定了该课题具有较强的理论与实践价值、研究思路和方法选用恰当、组织管理扎实有效、研究注重实践性。同时建议继续推进资源体系、服务体系、考核评估体系等的进一步研究，深化已有研究成果；结合教改新规、"双减"政策和图书馆行业发展新动态、新热点继续推进服务创新，推动中小学图书馆创新发展。专家组组长曹智琴觉得该课题充分展现了预定成果，达成了既定目标，努力克服了课题开展中遇到的种种实际困难，很好地完成了研究任务。同时对可深化方面提出了建议：扩大受调查对象以拓宽调查研究的覆盖面、继续深入细化研究、结合"双减""五项管理"进行研究等。刘晓霞老师肯定了该课题的扎实研究和取得的丰富成果，特别是对论文成果的数量和在核心期刊的发表表示了赞赏。吴彦文老师肯定了该课题的

课题主持人王鸿飞作结题汇报

重要性和启发性，希望课题组成员继续针对图书馆员专业化建设进行研究，主动出击，创新服务，形成更多具有创新性的理论成果。

专家组通过评议和讨论后，由黄海明副馆长宣读了结题意见，认为该课题完成了研究任务，取得了系列研究成果，达到了研究目的，一致同意通过结题。

专家组分别进行课题评审

　　唐国安纪念学校罗琳校长在会议最后做了总结发言。她认为"阅读是人生的底色"，希望课题组继续拓展研究内容，辐射更多学校，通过资源引进"点亮"更多师生的阅读。

唐国安纪念学校罗琳校长总结发言

课题结题会参会人员合影

赓续初心，担当馆员使命

——2021年珠海市中小学图书馆管理员全员培训顺利开展

2021年10月26日至27日，由珠海市教育研究院主办的2021年珠海市中小学图书馆管理员全员培训会议在珠海市第二中学顺利开展。在"双减"政策背景下，本次培训以"树标杆、促交流、强业务、提服务、重科研"为宗旨，通过专家讲座、业内研讨和教研实践等方式，增进了馆员在图书馆空间建设、读者服务、阅读推广、专业成长等方面的理解，提升了珠海市中小学图书馆管理员的业务水平和服务水平，增强了管理员总体的学术科研能力和实践能力，以更好地服务于珠海市中小学图书馆事业的发展。

本次会议邀请了东莞市图书馆冯玲副馆长、广东省立中山图书馆《图书馆论坛》副主编刘洪等专家莅临指导。

全市中小学图书馆馆员参加培训会

正式培训开始前，珠海市教育研究院黄德初老师发言，肯定了过去一届"图专委"的工作，提出了交流工作的防疫要求，同时要求全体图书馆员在新的政策下，更加积极主动地开展校园阅读活动，以更好地服务师生。

东莞图书馆冯玲副馆长做了题为"图书馆空间建设与阅读推广"的培训讲座，为馆员带来了公共图书馆领域先进的空间建设理念和阅读推广经验。她的讲座围绕"空间建设的理念指引",讲述了东莞图书馆如何精巧地布局空间,将馆、书、人融为一体;以"阅读推广、职能强化"为主题,阐发了东莞图书馆在中国图书馆"十四五"规划中的主要任务是"全民阅读促进与专业指导中心建设"。她认为,推广阅读应做好事前调研准备,强化"阅读为要"的中心思想,凝聚创意力与灵活性。

黄德初老师发言　　　　　　　　　　　　冯玲副馆长做培训讲座

广东省立中山图书馆《图书馆论坛》刘洪副主编做了题为"期刊论文的痛点与痒点"的培训讲座。围绕三大主题,分别是"为什么要写""写什么""怎么发",对期刊投稿过程中常见的问题进行了梳理归纳,并向馆员提出了宝贵的意见。

文园中学的张海敬老师以语文学科为视角,结合自己的校园实践经验,为大家讲述如何引导青少年进行深度阅读。她认为,一线教师应当通过思维训练等手段引导学生,只有做到拒绝浅表性阅读,才能帮助学生欣赏到有深度的美。

刘洪副主编做培训讲座　　　　　　　　　　张海敬老师做主题讲座

接着,唐国安纪念学校的吴丽莎老师围绕本校图书馆建设情况,分享了该馆通过布局阅读空间改善师生阅读体验和促进学生成长的实践。该校的"心花苑"在阅读主题的空间布局上别出心裁，在阅读引导上也做得较为出色，值得同行效仿学习。

吴丽莎老师做主题讲座

珠海市王鸿飞名教师工作室主持人、珠海市第三中学王鸿飞馆长做了题为"中小学图书馆（室）新政策解读"的培训讲座。该讲座基于中小学图书馆（室）历史回顾、中小学图书馆（室）的新政策解读、关于图书馆及图书馆员作为的思考、图书资料专业技术人才职称评价标准条件四个方面展开，给同行的业务开展和个人成长起了很好的引领示范作用。

王鸿飞馆长做培训讲座

本次培训为全市中小学图书馆管理员带来了一次难能可贵的学习机会，通过专家面对面指导以及同行的交流切磋，有效地促进了馆员专业水平的提升，提高了服务教育教学的能力。

第三篇

工作室成员读书心得

想象图书馆的未来

——读《想象图书馆的未来：图书馆与信息机构情境规划》心得

北京师范大学（珠海）附属高级中学　罗晓涛

图书馆工作如何在正常稳步推进的过程中开展创新？什么样的创新才能适应发展的需求？怎样才能在未来获得更好的存在空间（意义）？《想象图书馆的未来：图书馆与信息机构情境规划》为我们提供了一种基于想象的工具——情境规划。第一、二、三章主要讲述了现在的环境特点，对其进行合理理解和分析将有助于创建情境。第四、五、六章阐述了情境规划的建立、选择和理解过程；第七、八、九、十章讲了情境规划的实施以及所涉及的人、物、事。

情境规划是一种规划未来的工具，不提供具体答案，但提供一系列选择和全新视角、想象过程，规划不同的未来路径，但规划的前提是对环境有全新的认识。

战略规划为一种分配资源的过程，延续过去的趋势。其实只要涉及规划，就应该都涉及资源分配，情境规划的不同路径也涉及不同的资源分配选择。应该说情境规划更注重选择，基于想象未来，在不同路径中选择最优项。

作为一种对未来工作的管理工具，规划的目标越具体越好落实。具体的目标应有抓手，应尽量减少大词、空词。

一、想象未来应立足于图书馆的价值与使命

作者认为未来是非线性的，未来事件的发生偶然性大于必然性。而情境的价值在于识别通向未来的不同路径，通过选择路径，增强通向未来的必然性。假如想象力受到限制，那么对未来的思考就是对现在和过去的线性扩展。"图书馆和信息服务步伐紊乱地追赶着我们周围的旋涡"的表述告诉读者被动地接受未来，被新技术牵着走，只能面临"危"却抓不住"机"，因此要以面向未来的态度进行变革。面向未来要充分发挥我们的想象力，为组织提供洞察力，将未来可视化，并最大限度地推动其变成现实。新技术并不意味着能获得好的价值，如何运用新技术才是决定价值好坏的标准。

未来是线性和非线性的结合，新技术则分为持续性技术和颠覆性技术。如何在非线性的未来和颠覆性的技术下寻找图书馆存在的价值？在不同的政治、文化环境下，图书馆面对哪些不同的问题？

前三章强调环境和技术对图书馆产生的巨大影响，否定基于过去的延续性工作，进而阐述主动面向未来、想象未来的情境规划。在笔者看来，本章逻辑并不十分严谨。作者一直讲述过去环境、技术的改变给图书馆带来的巨大影响仍是基于过去的"事后诸葛"行为，"我们无法应对未来，一直到未来来临"。其实，不管以何种方式进行规划，对过去准确的总结、对未来合理的预测，始终是我们坚持的工作方式。图书馆从业者的洞察力从何而来？从对过去的准确总结而来。我认为，通过追逐技术和环境的变化而变革图书馆应立足于图书馆的价值与使命（可参考程焕文《图书馆的价值与使命》），不忘初心，坚持以用户需求为导向，就一定不会走错方向。当然，作者认为合理而不同寻常的科幻式想象能为图书馆带来更好的引领，关于这一点笔者持观望态度。

二、准确绘制坐标轴是开展一切工作的先决条件

情境规划和其他规划一样，仍是涉及什么人参与规划，规划什么目标，达成目标需要做什么工作，哪些人参与分配工作任务，如何开展前期、中期、后期的考核和激励。区别在于情境规划是一种对不同目标和路径的可视化构建及选择，以不同路径达成不一样的目标，因此，作者强调想象力（新思维）和选择。通过引进坐标轴，能够有效地将不同情境展示出来。平时在我们面对不同重要性、紧急性的事务时，坐标轴可以帮我们合理规划工作，将情境规划可视化。准确、清晰的坐标体系是选择路径的必要条件。

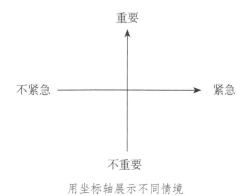

用坐标轴展示不同情境

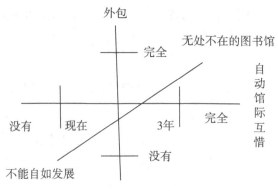

坐标轴可以将情境规划可视化

　　未来是不确定的，风险是长期存在的，变革和发展是飞速的，因此作者一直强调合理的想象力以及选择的开放性是应对这一切的重要工具，但在笔者看来还是太主观。什么是合理的想象，没办法展开来说，基于过去颠覆性技术的影响或者以科幻小说为例的推导都缺乏说服力。所谓的合理想象，仍是基于过去的想象。倒是准确清晰的坐标体系、开放性的选择不失为一种更好把握的方法。

论文投稿与录用之感想

——读《图书馆员论文撰写与投稿指南》心得

珠海市第一中等职业学校　冯　琳

这本书是由《中国图书馆学报》编辑部编写的一本关于论文撰写与投稿的操作指南。书中汇集图书馆界各方意见，作者通过反复研讨修改细化、补充实例等，最终汇集成书。这本书对图书馆员论文写作及投稿方面的操作有着抛砖引玉、提供思路、指明方向的积极作用。

我们在起笔写论文之前总会面临以下问题：我该写什么？怎么写？如何写得好？如何规范写？如何能被录用？这些问题都是实实在在摆在图书馆员面前的真实问题，也正是这些问题使得图书馆员无从下笔，或写完之后不尽如人意，抑或投稿无门等。

这本书第一部分为"写什么"，即从论文选题方面进行分析，涉及选题的内涵、原则及方法。文中指出：图书馆学研究的选题应从图书馆的现状及图书馆事业发展的要求出发，要具有现实意义与学术意义，即选题要具有社会实用价值或学术理论价值，对个体的某种活动的介绍实际价值不大。另外，论文的选题还要遵循科学性、新颖性、可行性原则，尽量选取自己感兴趣及与工作相关的研究方向，并常年坚持研究。

第二部分为"怎么写"，即从论文的研究方法和写作方法方面给出意见。文中指出，研究精力分配是否合理会间接影响论文的质量及录用结果。并就论文写作给出相关建议，精力分配建议如下：

论文写作中精力分配所占比重

选题发现所占精力	科学研究所占精力	论文撰写所占精力	发表论文所占精力	合计
20%	45%	25%	10%	100%

这里科学研究所占精力占比最高，作者认为要将更多的精力放在科学研究上，包括用科学的研究方法获取足够丰富的研究资料，以及用系统的专门知识或研究工具分析这些资料。笔者认为，简单来说就是对论文的论据要做到充分、准确，能够支撑论文的主

题和观点。

第三部分为"如何写得更好"，即通过论文语言的逻辑架构、层次设置以及提炼方向使论文更具竞争力。论文写作者的语言表达方式与能力，在一定程度上决定了论文质量的优劣。第一，文字表述的准确性。学习使用专业文字进行论文表述要尊重事实完整，尊重研究资料，客观、理性、严谨地分析和选用搜集到的资料。第二，注意表述的系统性。通过提出问题、分析事物、研究结论等方面对全文进行基础构建，明确论文的叙述范围，做到全文统筹。第三，提炼的专业性。这里指的是在论文最后部分，要围绕作者事先确定的切入角度、研究层面精确提炼出作者的观点，这是全文最重要、最突出部分。

第四部分为"如何规范写作"，即学术成果创作和呈现过程的规范。作者指出，学术论文的规范主要包括选题、题名、摘要的撰写、关键词的使用、文章结构、引文和注释、图表引用、参考文献、署名和致谢等方面。作者在日常审稿过程中发现，学术论文规范存在以下问题：第一，选题低水平重复，也就是常说的跟风现象，这使论文显得平庸而且凸显不出水平。第二，缺少综述或综述不全面。作者在确定选题时，必须全面了解该领域的相关研究、研究现状、他人观点，这样就可以避免文章的内容与已有研究雷同的情况。

第五部分为"如何提高论文被录用的概率"，即如何投稿才能成功。作者指出，影响论文录用的因素包括外在因素和内在因素。外在因素主要是指图书馆学论文目前产出量大而可以收录的期刊少的问题，核心期刊论文录用率为17.2%，人均发文0.2篇，竞争非常激烈。内在因素主要是指观念因素。在论文写作过程中投机取巧，缺乏学习、观察、思考和总结，利用复制、粘贴手段制造论文，保证不了论文的质量；再者，投稿前不检查论文，一旦出现错字、笔误太多、图表无编号或编号混乱、格式错误、数据与内容不一致等硬伤，给人的第一印象就会大打折扣。主题因素是指作者选择的主题不合时宜或与期刊专业不符、定位不对应，这也是影响学术论文录用的主要内在因素。字数因素是指不同刊物对论文字数的要求差别很大，投稿前要核对清楚。文章篇幅过大会占用版面资源，引起阅读疲劳；字数不够、不符合要求也会影响录用。学术不端因素是指四种学术不端的表现：剽窃文字、剽窃观点（不注明出处）、全篇复制超出一定比例、一稿多投。此外，论文的格式与规范同样值得关注。标题、摘要、关键词、引言、参考文献、研究方法等都会影响论文的录用。

经过不懈努力之后，就到了投稿环节。关于论文投稿的策略，这里分享一下作者的意见。第一，留下好印象。积极树立个人的学术形象，积极参与课题项目，增加露脸机会，打造属于自己的学术科研领域；坚决杜绝撤稿、剽窃、一稿多投、一稿多发的不端行为。第二，准确把握期刊特征、了解业界动态，有针对性地投稿，这样可以提高胜算。客观评判文章水平，重点就论文的学术规范、选题立意、创新价值等水平进行判断，发现问题及时纠正，争取以最快速度匹配到合适的期刊。第三，认真检查投稿细节，避免因为低级错误而遭到拒稿。第四，重视稿件退改的机会，积极反馈修改意见。第五，坦然接受投稿结果。每种期刊的录用标准和评价体系都不尽相同，因此投稿前应积极了解期刊的特点及研究热点，精准投稿。

文章部分内容摘录自原著，中间穿插个人对论文写作的观点。图书馆员在论文写作与投稿的路上任重而道远。

图书馆馆藏建设，还有什么招

——读《用户驱动的图书馆馆藏建设》

珠海市理工职业技术学校　罗　卫

近几年来，因馆藏空间有限，图书采购经费减少，图书价格不断上涨，馆内图书陈旧而导致读者借阅量减少，笔者也一直在思考怎么利用有限的经费增加利用率高、有价值的馆藏资源。读者荐购、"你选书　我买单"图书现场采购活动等方式也尝试过，对于馆藏建设和提高借阅率有一定作用。工作室提出读书活动后，笔者选择《用户驱动的图书馆馆藏建设》这本书，读后有所收获，希望也能给读者带来一些启发。

《用户驱动的图书馆馆藏建设》一书由刘净净、李书宁著，国家图书馆出版社于2018年5月出版。书中主要介绍了一种较新的图书馆馆藏建设方式——用户驱动的图书馆馆藏建设，从当前图书馆环境变化和馆藏建设现状说起，阐述用户驱动理论在图书馆的应用、从馆员决策到用户驱动决策的图书馆馆藏建设、用户驱动采购（PDA）模式在国内外的应用，以及高校图书馆运用用户驱动理论进行用户荐购的实施现状。

用户驱动理论最早在企业经济领域出现，主要强调以用户为中心进行企业经济活动，在企业经济领域以客户对产品的个性化需求为产品生产的参数驱动源，在计算机、工业经济、电信、互联网、新闻媒体、档案管理等领域均得到广泛应用。随着市场竞争的加剧、公共服务意识的增强和创新型社会的构建，用户意识和用户参与的重视程度不断提升，推动了用户驱动理论在图书馆中的应用和发展研究。国外用户驱动理论在图书馆馆藏建设领域的应用主要是用户驱动采购（PDA）技术。PDA是由NetLibrary公司提出的电子图书商业模式，区别于传统图书采购模式，是一种以需定购的全新的图书采购方式和馆藏建设理念。其核心思想是读者直接决定选购电子图书的品种，从而使投入的采购经费实现产出最大化。

传统的图书馆馆藏建设模式由图书馆员主导，基于其自身对该图书馆主要用户群体的了解情况，再结合书评、出版社等因素进行图书采购。在这种馆员决策的馆藏建设模式下，图书馆馆藏资源利用率低下。1969年，特鲁斯威尔提出了著名的图书馆馆藏资源利用"二八定律",即以20%的馆藏资源获得80%的利用率。随着现代社会的发展,网络资源增多,书刊价格上涨,而图书购书经费上调的速度远远跟不上书刊数量的增加与价格上涨的步伐。如何利用有限经费,采购到读者切实需要的资源就显得至关重要。而PDA这一采购模式对目前普遍存在的文献供需矛盾、提高文献的利用率具有重大的作用。

PDA模式实施流程是这样的:图书馆根据馆藏发展政策设定购书范围、参数和标准,并将书商提供的MARC记录导入图书馆系统,读者在OPAC检索后阅读电子书或请求采购纸本图书,图书馆则根据读者的浏览量等进行馆藏资源采购(租或买)。根据馆藏资源的类型,用户驱动采购项目分为纸本图书用户驱动采购项目和电子图书的用户驱动采购项目。纸本PDA项目主要有三种形式:基于馆际互借、OPAC征订书目请求、荐购图书请求。这三种模式各有优缺点。电子图书PDA模式更为简单:用户浏览电子图书,触发图书馆设定的参数,则自动租借或购买电子资源,图书馆跟书商统一结算费用。PDA模式可以提高馆藏利用率,实现经济效益最大化;体现以用户(读者)为中心的理念;完善馆藏结构;缓解馆员工作压力;节省时间和空间,提高效率。PDA模式也存在一些问题,比如采购的资源无计划、无体系,用户滥用权利造成经费浪费。因此,PDA模式可以作为传统馆藏建设模式的补充,同时在经费上进行控制,经费细分到每个月或季度。

用户驱动采购在国外已有一定的发展历史,尤其是美国有近30年的实践历史。很多美国大学图书馆都采用了PDA模式,且带来的良好效应已经被多数图书馆所认可。

国内电子资源则采用包库的模式,电子资源PDA模式未得到大范围推广应用。因此PDA模式在国内主要应用于纸质馆藏资源采购,最著名的是内蒙古图书馆的"彩云"模式。一般是公共图书馆与实体书店达成合作协议,图书馆的读者在实体书店直接借阅图书馆没有收藏的图书,阅后归还给图书馆并成为图书馆馆藏,图书馆与书店结算读者借阅的图书费用,也有图书馆使用"你选书 我买单"等名称。这种方式虽然跟国外的PDA模式不同,但也符合PDA模式的实质,被认为是国外PDA模式的变体。

用户驱动的馆藏建设除了"彩云"模式,更多图书馆采用图书荐购模式。图书馆可以利用自动化系统中的荐购模块、商业公司开发的专业荐购系统(如彩云服务平台),或者图书馆自建的荐购平台(微信荐购平台),让用户参与图书馆的馆藏建设。

对中小学图书馆馆藏建设的思考:

(1)经费的连续性,保证每年定期更新图书。即使是少量经费投入、少数图书更新,也能让读者有新鲜感。

(2)制定馆藏管理政策(或采选政策),做好图书的选择、获取、组织、存储、利用、弃选(剔旧)、保存等工作。对图书采购方面要提前设定购书范围、阅读人群、价格、版本选择。

（3）选择合适的读者荐购方式。

据悉，大部分中小学图书馆馆藏由图书馆工作人员主导，工作人员根据学生的特点，结合书评、出版社等因素进行图书采购，采购的图书利用率比读者推荐采购的图书利用率低。因此，有必要将图书馆员主导的图书采购方式转变为读者荐购、图书馆员补充的方式。

学校为满足读者的阅读需求，引进书商的新书资源，在校内进行"你选书　我买单"现场新书采购活动等。这种活动能满足读者的一定需求，但现场展示的图书种类有限。

另一种荐购方式，则是网上荐购。中小学图书馆采用的图书馆管理系统，有些自带荐购模块，读者在检索馆内资源时，发现馆内没有收藏该书，则可以利用系统自带的荐购按钮进行荐购，图书馆工作人员定期或不定期在管理后台下载荐购书目，然后下单订购。据悉，网图系统就可以利用图书馆微信公众号进行荐购。如果图书馆管理系统没有自带荐购模块，则可以选用其他荐购系统或荐购网站。网上馆配会（https：//www.wsgph.com）就是其中一个可以进行读者荐购的网站。图书馆工作人员可以在网站注册图书馆账号，并将账号和密码发送给所有读者，让读者登录网站查找图书并荐购。图书馆工作人员将在后台下载荐购数据，并根据采购金额、荐购品种、出版社、分类等方式选择采购目录，然后下单订购。网上荐购的优势是读者的图书选择范围更广、操作方便快捷。但是，网上荐购也有其不足之处，供应商不能保证提供所有的荐购图书，采购流程较长，不能即时满足读者需求。

以读者荐购的方式采购图书可提高馆藏利用率，体现以读者为中心的理念，完善馆藏结构。实施读者荐购时要尽量避免经费浪费，对读者荐购的书目也要进行审核，避免不良图书进入校园。

（4）建立共享新书目。中小学图书馆普遍人手紧缺，各个图书馆可以建立合作机制，共享书目，尽量减少中小学图书馆员的重复劳动。

一本中小学图书馆人的实用手册

——读《中小学图书馆建设与阅读推广》有感

珠海市第一中学　麦彩云

作为一名中小学图书馆从业者，在阅读推广愈加重要的今日，笔者倍感力不从心。恰逢中国图书馆学会为培育"阅读推广人"，组织编写了一套"阅读推广人系列教材"。这套教材分4辑，每辑6册书，笔者先读了一本主题比较明确的《真人图书馆与阅读推广》，在丛书的前面内容中学到一些东西，越往后看越感觉章节的内容雷同太多，像是为了完成该主题而编凑的。于是又选择这本看起来跟自身工作密切相关的《中小学图书馆建设与阅读推广》，读后颇有收获。

该书全面概述了国内外中小学图书馆的发展概况，指出目前我国中小学图书馆发展中存在的问题以及解决的对策，阐述了中小学图书馆的运营管理，包括文献资源建设、技术建设、馆舍与设备建设、人员管理、统计与评估等，从理论与实践方面介绍了中小学阅读推广，书后附录国内外的中小学图书馆法令法规，尤为有用，可以放在案头随时查阅。

教材的编写者搜集和研究了大量国内中小学图书馆建设与阅读推广的资料，将各类有借鉴意义的案例融入各章节，部分章节还加入国外案例，具有一定的国际视野。除了汇编已有的研究成果，编者也提出一些独到的观点与见解。如关于评估，我国更多采用检查和考核的方式来考察中小学图书馆的价值，着重馆藏、设备、空间等可见资源的评估，很多中小学图书馆为了达标而采取各种应对措施，没有切切实实从师生角度出发，不能得到师生认同。美国学校图书馆自20世纪60年代至今，连续考察学校图书馆与学生学业表现的影响，通过实际的数字和效果来证明中小学图书馆在中小学教育中的重要地位，作为获取联邦政府和地方政府投入的依据。编者认为必须引进图书馆自我价值评估机制，以学生成绩和综合能力的提升为标准来衡量中小学图书馆的贡献。

掩卷，慨叹：难怪自己写的论文没有为专业期刊录用，实在是没有新意可言！只怪自己没有足够用心花时间去查全本专业已有的研究成果。自出大学校门，再也没有读过专业著作，以后会多读一些，虽然有些编著比较繁赘，但专著能帮助自己系统地了解多方面的问题。

美中不足的是，该书大部分材料来源于已发表文献或网络资源，一些地方读来有堆砌感，且编者只参考引用而没有考究真伪，如关于中小学图书馆事业存在的问题，引用了2018年《中国教育学刊》上的一篇文章《中小学图书馆（室）建设与使用现状改善策略——基于全国169所中小学的调研》，虽然文章的调查数据来源于教育部教育装备研究与发展中心，但数据样本明显太少。

《用户驱动的图书馆馆藏建设》读后感

——一名职业学校图书馆员的几点心得

珠海市卫生学校　　林宇航

本书的作者在行文开头提出了一个很重要的图书馆行业背景，那就是"图书馆的发展历程经历了由封闭到开放、由收藏文献到利用文献、由被动服务到主动服务的转变过程"。用当下比较流行的话来讲，就是图书馆由以往的"躺平"状态已经开始内卷起来了。用户驱动是一种以用户需求为核心的图书馆馆藏资源建设模式。用户驱动采购的发展从根本上改变了图书馆原有的馆藏建设模式，解决了传统馆藏建设模式中的图书馆馆藏利用率长期低下、馆藏图书占用大量空间、未能体现投资回报等诸多问题。在为读者捋清藏与用之间的关系后，作者以用户驱动理论引入，重点讲解了国内外几种先进的PDA采购模式，全书以用户参与特色馆藏建设的实施和保障机制收尾。本书介绍所关联的多为高校馆、公共馆，读毕后不得不承认，稍大的平台所能带给馆员的施展空间和余地更为充裕。

接下来，就我们自己的工作实际谈几点心得体会。

一、阅读推广恐怕才是基础教育图书馆存在的使命和价值所在

诚如作者所说，馆藏建设固然十分重要，但是一切书都是为了给人用的。做好馆藏资源建设是基础，却不是图书馆的全部。在实际工作中，我们碰到过很多状况，比如读者要读的书已经到馆了，但书仍然被束之高阁、无人问津。中小学、职业学校的图书馆面向的读者群体相对较为单一，需求也并不复杂，因此我们的图书馆功能很单纯。参考咨询、科研查新、信息素养培训等诸如此类专业要求较高的业务并不常见。抛开这些来说，中小学、职业学校图书馆其实只需要安心做好图书推广，就算是完成了自己的使命。这个任务看似简单，但是也因为我们实现价值的渠道十分单一，学校领导只能以图书流通率、学生到馆率作为我们图书馆工作的考核标准，图书馆发挥作用的实际困难远远大于想象。

二、职业学校缺乏普通高中学校具有的得天独厚的阅读积极性优势

国家给职业教育的定位就是围绕技能培养，以就业市场为导向，虽然近些年来国家一直致力于打破职业教育升学壁垒，学生升学需求也在不断增加，但是仍然扭转不了职业学校不热衷图书馆建设的局面。这种不热衷不但体现在学生本身，就连教师在平时的教育教学中也从不引导学生开展任何形式的课外阅读活动。学生缺乏自主性，职业学校人才培养又趋向于过度的实用主义，导致阅读推广工作势单力薄。

三、一名好的中小学、中职校图书馆员经常不得不被分散精力

由于要调动学生的积极性，展示图书馆"天堂"的一面给师生，一名出色的图书馆阅读推广者大概率也是一位合格的宣传者，中职学校的宣传口径都较为单一，因此出色的阅读推广人很难不引起学校负责宣传的党政管理部门的注意。而结果就往往容易导致图书馆负责人被调离图书馆，进入党政管理岗位，或被要求同时兼任多个职位，减少了原有专注于图书馆业务的时间与精力。这一点可以说让人十分苦恼，有悖于"不忘初心"的倡导。

四、中小学、职业学校图书馆员的专业成长受限

在职称评选的时候，相比学科老师而言，图书馆员往往是在单打独斗。科研方面，往往重理论、轻实证。这与学校层次和读者人群样本量等条件限制有很大的关系，中小学、职业学校的图书馆员做专业研究，大多数都是停留在讨论层面，即质性研究，但是却又受限于平台和资源，很难触及像大学图书馆、公共图书馆同行所能接触的深层次问题，所涉猎的图书馆最新理论、概念、思想很少，目光所及十分有限。这就是为什么多数人写出来的文章都是浅表性的，很难入核心期刊编辑人员的法眼。

以上几点粗浅的感悟都是以问题挖掘为主，希望能够抛砖引玉，激发同行们更有价值的思考，合力打破上述的困境，让中小学、职业学校的阅读推广得到由衷认可，馆员得到切实发展，图书馆地位得到夯实和保障。

《一本书的图书馆之旅——图书馆阅读推广十五年》读后感

——对中小学图书馆阅读推广的思考

珠海市理工职业技术学校　罗卫

《一本书的图书馆之旅——图书馆阅读推广十五年》（以下简称《一本书的图书馆之旅》）由金龙著，商务印书馆2019年出版。

图书馆里的图书，不仅可以借阅，还可以通过讲座、展览、读书会、研学旅行、地铁图书馆、图书漂流、网络公开课等阅读推广项目向读者传递知识、与读者交流互动。《一本书的图书馆之旅》用《营国匠意——古都北京的规划建设及其文化渊源》这一本书，串联起了国家图书馆的各个阅读推广项目，总结和探讨了图书馆界15年来的阅读推广服务，对于各类图书馆尤其是公共图书馆进行阅读推广服务有很好的指导和借鉴作用。

作者金龙阐述了对图书馆阅读推广的五点思考：其一，阅读推广是一个过程，它伴随人类阅读的发展而产生和发展；也是一种追求，是人类满足自身求知欲望和探索精神的需要。其二，阅读推广活动是阅读推广的重要方式之一，但不等同于阅读推广本身。其三，阅读推广的终极目的并不在于使人阅读，而在于通过阅读促进人的独立思考、提升人的综合素养。其四，图书馆阅读推广的优势在于馆藏文献信息资源，公共图书馆阅读推广的特点在于提供平等的、公益性的服务。其五，阅读推广与创作的关系密切。

作者从公共图书馆的角度出发进行阐述，内容涉及阅读的终极目的，阅读服务的均等化、多样性以及阅读推广与图书的关系。对于作者对阅读推广的认识和理解，笔者持肯定态度，也引发了笔者对中小学图书馆阅读推广的思考：中小学图书馆阅读推广的目的首先在于吸引青少年进入图书馆，利用图书馆，吸引青少年阅读，培养他们利用图书馆的习惯，培养他们的阅读兴趣和阅读习惯，培养他们养成终身阅读的习惯，进而通过阅读促进青少年的独立思考、提升综合素养。中小学图书馆阅读推广贯穿青少年时期，从小学、初中到高中，潜移默化，也是一个长期的过程。青少年阅读是全民阅读的前沿阵地。有研究表明，青少年时期喜爱阅读的人，在步入社会后更能保持阅读兴趣和习惯。中小学图书馆阅读推广让青少年"乐读"，即快乐阅读。对不少成年人来说，当有些书由于各种原因而不得不读时，阅读便成了一种折磨而不是一种快乐。长期的应试教育和课业负担，有些著作呆板教条，还有些人在青少年时期没有习得阅读方法，这些因素最终使得很多成人无法养成良好的阅读习惯，于是阅读变成了痛苦的折磨。如果没有快乐的阅读，如何支撑日后那些枯燥的研究性、专业性强的阅读？所以，笔者认为中小学图书馆阅读推广活动应该让青少年"乐读"。在整个阅读推广的过程中，让学生明白，阅读是一件快乐的事，阅读可以有趣，可以形象生动，可以身体力行，可以图文影视结合；将阅读通过讲座、展览、读书会、研学旅行、网络公开课的形式结合起来，而不单单是书本上的阅读，不单单是枯燥无味的文字阅读。

《一本书的图书馆之旅》共12章，加上引言中作者对阅读推广的思考，实际上可以算作13章内容，以下是对部分章节内容的小结。

第一章讲述文津图书奖的设立、评选和图书馆界对文津图书奖的反响。文津图书奖是国家图书馆倡导全民阅读、服务全民读书的举措，以"文津"为名，取"文化津梁"之意，希望能在图书馆与读者、作者与读者、出版社与读者之间发挥连接、沟通、引导的作用。该奖每年举办一届，评出获奖图书10种，推荐图书若干，评选范围包括前一年度公开出版发行的中文版图书，侧重于选出能够传播知识、陶冶情操、提高公众的人文素养和科学素养的图书，特别是对青少年有益的图书。文津图书奖是第一个由图书馆组织评选的图书奖项，读者可以直接参与评选，而专家评审、图书馆评审、媒体评审也基于读者的阅读需求参与评选工作，因此该奖项具有公益性、普及性，以读者为主体。作者还在文中讨论了公益、公正、可不可以接受赞助，非虚构类作品要不要反映社会现实、评选的图书要本土原创还是要译著、如何使图书馆界积极响应等问题。中小学图书馆可以利用文津图书奖进行阅读推广是肯定的，采购文津图书奖获奖作品，围绕获奖图书开展阅读活动，无疑是最简单、最直接有效的办法。

第二章主要对图书馆展览进行历史追溯，讨论图书馆展览与阅读推广的关系，以及图书馆展览如何进行、如何时尚。图书馆展览可以提示馆藏文献、培养阅读兴趣、指导阅读。中小学图书馆有场地、有读者、有需求，举办展览有条件，但举办展览也费时费力，中小学图书馆往往没有人力、物力、财力支撑。针对此问题，文中提供了一些思路：挖掘、展现、宣传文献文物之美，展览与其他阅读推广活动联动，进行文献+文物展，共享展览资源，开发在线展览等。

第三章介绍了图书馆讲座。中小学也有作家/专家进校园一类的活动，多采用讲座形式，效果有好有差，学生对于感兴趣的讲座活动参与积极性高，对不感兴趣的讲座则参与度不高。在目前疫情环境下如何开展讲座活动，也是中小学图书馆在研究的课题。关于缺乏讲座资源的问题，第六章里也谈到图书馆要建立讲座联盟，各秉所长，共享资源。中小学图书馆是否可以建立讲座联盟，实现资源共享呢？

第四章主要介绍"阅读之旅"：图书馆组织的游学，或称研学旅行，将阅读和旅行、理论学习和社会实践相结合，促进深度阅读的体验式阅读推广活动。所谓读万卷书、行万里路，游学是一种教育方式，也是一种阅读方式，介于游与学之间，贯穿学习、观摩、交流与浏览，引领游学者体验生活、增长见识、发展能力。这种阅读推广方式在中小学图书馆阅读推广中较少见，但笔者觉得这种方式更受青少年喜爱。

图书漂流和图书推荐大概是中小学图书馆阅读推广最常见的活动形式。第五章谈到图书漂流，却用了"水土不服"的舶来品来形容它。图书漂流起源于20世纪60年代的欧洲，是一种与他人共享阅读的方式。这种方式比图书借阅自由，有随机性和不确定性。图书漂流引进中国后，很多公共图书馆、大学图书馆纷纷效仿，然后大多以图书"漂去漂不回"的尴尬结局收场。作者也提出了解决办法，他认为图书交换这种形式可以算作是图书分享的新模式，以图书交换代替图书漂流更适应我国国情。在中小学校园内进行二手书交换确实比图书漂流简单易行，也适合学生。不过，在活动过程中，要审核学生的图书，以免不良书刊流入校园，这也是活动策划时要考虑的一点。

作者在第七章中阐述了书目推荐的历史、必要性、原则、方式和不足。所有的阅读推广活动都少不了书目推荐，中小学图书馆也不例外。新书推荐、借阅排行、馆藏推荐、专题目录、阅读推广活动中的图书推荐等，都是不错的形式。如何在书目推荐活动中做出新意？除了要重视读者的需求，增加与读者的互动，还要做好宣传，提高馆员业务能力。

在第八章中，作者探讨了地铁图书馆。在地铁站设立实体图书馆，自助借还机或数字阅读是地铁图书馆的基本服务模式。我国的地铁图书馆发展快速，得益于轨道交通的发展、公众阅读需求的增强和公共图书馆服务方式的转变。中小学图书馆同样可以借鉴地铁图书馆的服务模式，在校园内设立自助借还机、在班级设立图书角，让学生的学习空间充满书香。

后面的几章里，作者还探讨了网络公开课、新媒体、大数据与阅读推广的关系以及未来阅读推广的趋势等。

读书越多，越觉得自己浅薄。这本书带给笔者很多对阅读推广的思考，无论是举办图书馆展览、讲座、研学、图书交换、书目推荐、自助图书馆、班级图书角，还是利用新媒体、大数据进行阅读推广，读完这本书，笔者将对阅读推广工作有更深的认识，对于中小学图书馆阅读推广也有借鉴作用。中小学图书馆阅读推广任重道远，吾将上下而求索。

第四篇

珠海市中小学图书馆风采

唐国安纪念学校 "心花书苑图书馆"

这里是一处设计精美的阅读空间，更是一个充满温度、成就智慧的生命空间。

精美的阅读空间

"心花书苑"彰显着学校独特的文化魅力。"心花"意指校徽中盛开的杜鹃，它是学校的校花，绽放在唐国安先生的家乡——珠海，点亮了我们的城市和校园。"心花"寓意温暖心灵、滋养幸福之花。它是美的绽放、爱的表达。"心花书苑"期待用书浇灌心灵之花，用爱照亮心底灵光，用知识成就心中梦想……这里的一步一景都在述说着国安师生"心"的故事。

【大家心语】

步入书苑，映入眼帘的是书苑外墙的"大家心语"。这里汇集了清华名人及古今中外的读书名言。"大家"二字背后内涵丰富："大家"是师者、是贤士、是伟人，是卓越的贡献者，"大家"是你、是我，是大家的共鸣与同行，"大家心语"以"大家"的心得激励大家读书立志。首、末两句以建国伟人读书心言遥相呼应，首句周恩来总理

书苑场景

唤醒我们读书的胸怀与抱负，末句毛泽东主席总结了读书不停、学习不止、生命不怠的意义和途径。"大家心语"让书苑文化的书香扑面而来。

【心花书苑】

进入"心花书苑"，眼前展现的是一本刻有书苑logo、唐国安先生及清华园形象的"心花"书。它的巧妙设计构成了书苑的玄关和管理区。书苑管理台旁的"心言墙"用于新书公告、读书心得分享，书本与心灵在这里温暖交融。

【心花树】

走进大厅，书苑的生命之树——"心花树"挺立在中心区域。"心花树"是学校logo的立体展现和文化表达：在心花树下，每一个"我"汲取生命生长的养分、感受灵感之光的乍现，每一个"我"都能找到让自己发光的动力——爱书，它是知识的开端，它是智慧之始，它是幸福的源泉！

"心花书苑"玄关

书苑中心区域

【"Shu"悦台】

心花书苑最左侧的"Shu"悦台是低龄阅读区。"Shu"寓意这里"有书，有树"。"Shu"悦台的阶梯以及多功能升降桌，可供小组学习和阅读课使用，为全体师生提供了宽敞自由的阅读空间。这里还有有趣的花花洞和森林小屋，让同学们虽在室内也能感受到在大自然丛林中读书的快乐，表达了"心花书苑"以书树人、让书伴随同学们茁壮成长的美好愿景。

"Shu"悦台

【想吧】

中央大厅"心花树"右侧是为中、高年级同学提供静心阅读与智慧阅读的空间——"想吧"。想吧，既是一个动词，又是一个名词，有思考、分享之意，也是同学们静心思考、互动分享、智慧飞翔的场域。这里既有传统阅读的纸质书籍，也有通过平板、一体机等电子设备开展的网络阅读，力求拓宽师生视野，丰富知识储备，满足个性化阅读的需求。

想吧

【同心屋】

"心花书苑"的最右侧——"同心屋"。它是教师、家长、学生"同心、同行、同成长"的地方。同心屋有一个单独的出入口和移动门，人性化的设计为教师提供了宁静的空间，为学生、家长提供了共享的多功能场域。时尚的会议区，可供师生开展小型研讨会；温馨的水吧区，可让人放松心灵、休闲小憩。

同心屋

"心花书苑"让我们畅游书海，品味文化！高贵的紫色，象征知识与智慧，是百年清华气质的延续；温暖的橙色，代表阳光和博爱，是国安师生精神面貌的展现。在这里，我们用心与作者对话、与同学分享、与老师交流；在这里，处处体现了国安先生"师生之间首重感情，教育之方端赖道德"的教育思想。

畅游书海，品味文化

这里是我们心灵的家园，流淌着师生温暖的交流，传承着水木清华美好的初心。"心花书苑"展现了我们的文化自信与自豪，承载了师长育人的责任和担当，寄托了我们对未来的憧憬和梦想。我们相信在"心花书苑"独特的书香文化浸润下，绽放的是每一位国安师生生命的精彩！

珠海高新区礼和小学图书馆

　　礼和小学于2017年9月1日建校办学，学校坐落于珠海高新区金业南路100号，是科技创新海岸北围TOD规划板块内的公办学校。学校占地面积16486平方米，建筑面积12734平方米。学校设有图书馆，每层楼还设有图书柜，每个班有图书角，藏书约1万册，人均17册。

礼和小学图书馆

　　学校开展一系列读书活动，为了儿童的幸福，为了孩子们的未来，我们倾心付出，让校园充满书香，让书香充满校园，学校在创建"书香校园"方面做了大量的工作，具体工作及其成效如下。

一、传承礼和文化

　　学校办学的方向是传承儒家文化的思想精髓，"礼和小学"，校名自带儒家文化，所以学校创设了经典国学课程，从经典国学教学中培养学生的阅读能力和提高语言积累水平，从抓学生阅读量和语言积累入手，培养学生广泛的阅读兴趣，扩大阅读面，增加阅读量，为此特别开展了"诵读经典"等一系列活动。

二、与高科技信息技术接轨

学校是珠海高新区科技创新海岸北围TOD规划板块内的公办学校，除了传承儒家文化精髓，还要与地方板块文化相融。自学校组建图书馆起，购买了大量与时代、信息、发展有关的书籍。学校举办了"读书节"，动员学生、教师、家长多读书、好读书、读好书，以此来适应时代发展的要求，由此养成主动读书的习惯，提高阅读的能力，鼓励以书为友，开展"读整本的书"活动。

三、让书活起来

只有让书活起来，阅读才会更精彩。为了使书"活"起来，学校做了大量的工作。第一，盘活图书馆：每班每隔一周都有阅读日，学生可以在图书馆里看书、借阅书刊；第二，不会"打烊"的图书馆：图书馆除了周一至周五对学生开放，周末、寒暑假组织家长志愿者进行管理，对学生和家长开放；第三，让图书"走出"图书馆：与社区服务联合，在社区增设图书角，供学生在社区翻阅；第四，校园处处书香飘：学校除了有专用的图书馆，每层楼还设有图书柜，每个班有图书角，学生只要走在校园里，随手、随处、随时都可以读到不同的书籍。

早读时光

学校早晨7：30～8：00为早读课，学生回校后阅读、背诵美文佳篇、经典诗词，每天清晨，校园中人人安静阅读，和优美的校园环境相得益彰，成为校园中一道亮丽的风景。放学后，在校等家长来接的时间里学生也可以在学校图书馆看书学习。

四、丰富的活动点亮阅读

多彩的活动，点亮童年的色彩。学校立足本校实际，开展了丰富多彩的校园文化活动。制作阅读存折，鼓励学生看书存"智慧"；学校依托社团课，开设《弟子规》诵读、武术、架子鼓、绘画、电子琴、棋类、书法等活动社团，不仅丰富了孩子们的学习生活，而且陶冶了孩子们的情操，培养了他们的审美情趣。

搭建平台，展示风采。为促进学生各种读书习惯的养成，学校结合实际，开展了有声有色的读书活动，如古诗诵读、诗歌朗诵、讲故事比赛、经典国学艺术节、书展活动等。

阅读为基　树人为本

五、共读，共勉，共成长

除了鼓励学生阅读，我们还要求教师和家长与孩子共同进步，为此，每周教师例会上均有教师阅读分享，每周都有好书推荐推送；姚玉琛校长在每一次家长培训时都会给家长推荐阅读的书目，使家长获得更多的教育子女的"营养"，从根源上把学校建成人文校园、书香校园。

由于学生年龄比较小，在图书选择上存在一定的局限，有鉴于此，下一步学校要把图书馆建设得更完善、更好。学校文化建设任重道远，我们永远在路上，我们将一如既往地探索创新，不断把创建活动引向深入，努力营造书香校园，塑造内涵丰富、特色鲜明的校园文化，让师生生命在浓郁的读书氛围中享受无尽的快乐，促进师生人文素养的不断提升。

金凤小学"向海书屋"

金凤小学"向海书屋"，始建于2019年7月，扩建于2021年9月，建筑面积140平方米。环境清新幽雅，配套设施齐全，功能分区完善，是集藏书、阅读、讲授三维于一体的现代化图书馆。

向海书屋logo

向海书屋现存书籍逐年递增，涵盖全学科阅读，内含绘本、科普、文学、文艺等多类型图书。书籍分类与摆放依据为小学生的年龄水平与知识架构、兴趣需要与天然热情。

【阅览室一角】

阅览室一角

阿根廷作家博尔赫斯留下了"若有天堂，天堂应该是图书馆的模样"的名言。他在作品《通天塔图书馆》中，就描绘过图书馆的"天堂模样"：书不再仅仅是装订成册，而是真正的知识海洋。"向海书屋"的得名正源于此，这是人类进步的阶梯，知识的海洋便是这样！

【如"珠"而育，向"海"而行】

作为与城市名字相呼应的学校，金凤小学以"大城有我，幸福远航"的愿景，始终和活力之都、浪漫之城的幸福珠海同频共振，坚定"吾校与城共生长"的发展共生理念，坚守"珍珠教育"理想，坚持"儿童个性化的全面发展"主线。

走进阅读书屋

【自主阅读课】

快乐阅读

【课程教学　教学相长】

教学相长

　　校园里的图书馆，让学生在日常生活中就能感受到小确幸、小美好。这里似一个阅读的世外桃源，学生在这里静心品味阅读的美妙，共寻心灵的休憩。在图书馆，是休憩，是阅读，更是成长，通过阅读，成为一个更好的自己。

金鼎中学图书馆

金鼎中学图书馆于2020年扩建后，现占地600平方米，室内外环境雅致舒适，功能区齐全，设备先进，提供智慧型RFID自助借还服务，是师生休闲学习的好地方。

馆内设有藏书区、期刊阅览区、学生阅览区、电子阅览区、教师阅览区。藏书区有环形实木书架11列，可放7000册书；黑漆金属书架11排，可放35000册书。此外，图书馆各功能区处处可见实木书架，全部书架摆满图书可达6万～7万册。馆内学生阅览区有座位150个，实木大书桌、仿皮椅子，照明充足，并配有多媒体电教设备和大屏幕高清投影系统，中区装有两个同屏幕和大音响，可给全场提供优质的视听服务，这里是语文教师的第二课堂。语文教师经常组织学生在这里上文学赏析课；这里也是重要的学术报告厅，学校的师生活动都在这里进行，大家喜欢在这里度过自己的课余时光！

走进图书馆

珠海市斗门区实验中学图书馆

珠海市斗门区实验中学图书馆设有学生阅读区和书库区，有教师阅览室一间。学校各班级设有图书角，心理室设有主题书库。图书馆藏书量5万多册，有完整的图书馆管理制度。2020年获得广东省总工会颁发的"职工书屋"的称号。

图书馆每周开馆时间40小时，每周安排12节学生阅读课和4节阅读社团课。由两名语文教师和一名图书管理员为学生服务。学生借阅量年均3000册次以上。

学校阅览室

一、阅读课

为了满足学生的阅读需求，在初一年级开展每周每班1节的阅读课，安排语文老师指导阅读。

二、阅读社团

学校专为初一、初二年级的学生安排了阅读社团，活动时间为每周一、周二、周三、周四下午5：35～6：10，力求让学生养成爱读书、乐读书的阅读习惯，从而提高学生的阅读能力。学校还专门为社团的学生准备了人文社科书籍，让学生有目标、有方向地阅读文本，帮助学生系统地进行文本阅读。

阅读活动

三、图书角

学校在各班设置了图书角，每个学期一开始就把图书发到班级，学期末把班级图书角的书收回，整齐归放在图书馆。作为广东省心理教育特色学校，学校心理室设有主题书库，心理方面的书籍种类丰富多样，为护航学生心理健康送上阅读良方。

整洁有序的图书角　　　　　　　　　　　心理室主题书架

珠海市第一中学图书馆

　　珠海市第一中学图书馆建于2000年，2004年搬迁至现址，为独立三层建筑，占地面积1373平方米，建筑面积3444平方米，使用面积约3000平方米。2021年完成空间改造，采取开放、藏阅一体模式，图书、期刊全馆自助借还，配置各式舒适阅览座位500多个，学生可背书包在馆内自习或阅读；馆内装饰以各种绿植、工艺品为主，随处给人以美的感受；图书馆在学校其他区域配置24小时图书自动柜员机，方便学生就近或闭馆时借还图书。馆内现有藏书近10万册、期刊250种、报纸15种，2022年上半年累计借还7.2万多册，日均借还书刊约550册。馆内常组织读书分享、主题阅读、棋艺交流、古琴学习、书法学习等活动。

藏阅一体区

大厅自助借还设备

教师在研讨

图书推荐及读者留言区

国学室古琴课

棋艺区对弈

中庭课本剧场

研讨室

读书分享

珠海市第二中学图书馆

　　珠海市第二中学图书馆成立于1980年，馆舍总面积2800多平方米，图书馆藏书近7万册，期刊合订本3000多册，每年订购报刊300多种，阅览室座位500多个。配备的电子图书借阅机含电子图书3000多册、电子期刊100多种、多种专家视频讲座。2018年开始购买中国知网资源总库使用权限，全力支持师生教研活动的开展；积极开展阅读推广服务，举办了14届读书节活动；已实现RFID自助图书借还。

　　图书馆建有"师苑"特色阅读空间，入选珠海市"职工书屋"，举办各种学术沙龙会议、科组会议等，接待过多批次领导、专家来访。作为教师阅览室，师苑配备了近3000册教育教学类专业文献，包括学校管理、教育名著、班级管理、班主任工作、教育感悟等，为提升教师教育教学技能、业务素质和科研提供了很好的文献资源保障，为教师打造了一个具有特色的阅读空间和活动场所。

读书节知识竞猜活动

参观交流活动

学术沙龙活动在师苑举行

尹祖荣校长捐赠藏书800多册

珠海市第三中学图书馆

珠海市第三中学图书馆建于1985年，2016年进行全面升级改造，实现了全馆自助借还。现有馆舍面积1000平方米左右，设有流通书库、学生/教师阅览室、电子阅览室、影音体验室、采编室等功能室，并建有班级"微图书馆"以及户外阅览设施。设有200多个座位，总藏书量约8万册，每年订购报刊300多种，年均新增纸质图书1册以上，并购买了中学学科网等电子资源。工作日每天开放时间约为10小时，提供课间阅读、午间自习、晚修前自习服务，馆藏资源及场地利用率高，阅读氛围浓厚。2021年度借出图书30936册，还回图书32118册，借书人次16145人次，还书人次17301人次，学生借阅人数占总人数约83%。

图书馆流通书库

远眺大海与珠海歌剧院的阅览座位

远眺大海与珠海歌剧院的窗边阅览座位　　　　　　课间读者到馆借阅现场

　　图书馆立足服务读者，开展各种各样的阅读指导与阅读推广活动。围绕"4·23"世界读书日，已成功举办12届图书馆文化节，开展的系列读书活动包括阅读之星评比、读书征文活动、经典朗读、"经典阅读与文化传承"专题诵读活动、寻找我的高中阅读史、图书漂流活动、"您选书，我买单"书展活动、科学图谱展览、讲座活动、猜谜游园活动、电影播放活动等。每年发布年度"好书中的好书——好书榜精选书目展"，定期更新各类图书借阅排行榜，通过线上线下多渠道开展阅读推广。图书馆还为每个班级配备了班级图书柜，打造班级"微图书馆"，营造良好的书香氛围，促进学生多读书、读好书。

经典诵读活动

猜谜游园活动

现场书展活动

年度好书中的好书

班级"微图书馆"

图书馆注重发挥教育功能，开展新生入馆培训与读者教育，利用场地及资源优势配合语文科组开展阅读指导课。编写了《书海听涛，享受阅读——青少年阅读引导读本》等多本阅读校本教材，公开出版了《中小学图书馆建设实践与阅读推广》《寻梦十载　书香为伴——中学图书馆特色发展之路的探索》等著作。

语文阅读指导课

探索中小学图书馆学生管理员队伍建设机制，开展图书馆志愿活动，每年培训助理约200人，坚持每月进行图书馆服务之星的评比与展示并进行年度优秀助理表彰。为助理提供义工时长证明并录入"i志愿"系统，帮助助理完善综合素质评价系统。努力为学生打造一个实践平台，丰富学生的业余生活，提升学生的信息素养和学习能力。

图书馆助理小组

　　图书馆秉承"智慧服务　悦读成长"的服务理念，一切为读者着想，努力开展阅读推广与书香校园建设，先后为学校获得广东省"书香校园"、广东省中小学"最美阅读空间"、广东省"书香岭南"全民读书活动"书香校园"、全国"职工书屋"、珠海市"职工书屋""中华传统文化经典·推广图书馆"、全国"百社千校　书香童年"阅读基地学校等荣誉。图书馆项目"中小学图书馆阅读推广与书香校园"被列为珠海市中小学校特色项目、"图书馆阅读推广之书香校园"项目获得广东省第二届中小学特色学校建设成果二等奖及珠海市基础教育"好项目"，图书馆科研成果获得广东省教育教学成果（基础教育）一等奖及珠海市教育教学成果二等奖。

　　图书馆的办馆效益受到了关注并收获了好评，省市同行多次到馆参观交流，图书馆老师在各种专业人员培训会、学术研讨会上推广图书馆、"微图书馆"、书香校园建设体系的实践与研究成果。图书馆不仅得到上级部门认可，还多次见诸报端，如《图书馆报》《珠海特区报》《珠江晚报》《珠海教育》《澳门日报》等。

澳门菜农子弟学校到馆交流

福建校长团到馆参观交流

珠海市斗门区第一中学图书馆

珠海市斗门区第一中学创建于1959年，1978年被确定为广东省重点中学，1995年被评定为广东省一级学校，2007年被评为广东省国家级示范性普通高中。2000年8月迁到著名风景区"珠江门户第一峰"的黄杨山下。校内湖光山色，绿树成荫，鸟语花香，风景宜人；幢幢建筑，随形就势，各具特色，错落有致。运动区、教学区、生活区、风景区，区区相连，既相对独立又互为一体，呈现出一幅和谐的人文风景画。学校现有72个教学班，在校学生约3500人。图书馆位于校园的山坡，共两层，实用面积2874.7平方米，布局合理，环境优美，照明、防盗等设施齐全，通风换气良好，有利于陶冶学生情操、培养学生情趣。

珠海市斗门区第一中学

图书馆馆藏书刊种类齐全，《中国图书馆分类法》中的22个大类图书配备齐全。目前学校图书馆藏书量纸质图书有95247册、39045种，过刊合订本为2524册、394种，现刊20318册、204种，报纸30种，是一所集中外名著、历史传记、现代文学作品、青少年科普读物、教学教辅图书于一体的综合性图书馆。藏书以满足学生需求为主，并能兼顾教师对教育教学资源的需要。斗门区第一中学图书馆隶属学校课程教学中心监管，现有专职人员5人，具有本科学历3人，中级图书资料馆员2人。馆内工作人员具有良好的政治素养和业务水平，平日加强学习、钻研业务，熟练掌握了按《中国图书馆分类法》分类编目的技能和使用《中国专业图书馆网》计算机管理系统；他们发扬敬业奉献精神，分工协作，团结互助，坚持以"读者第一，服务至上"为宗旨，以"以人为本"的办馆理念为核心，以现代化、网络化和数字化建设为重点，以最大化满足教学、教研需求为动力，不断优化馆藏结构，全面提高管理和服务水平，为建设一流的斗门一中而努力奋斗！2010年先后被广东省总工会和珠海市总工会评为"职工书屋"。

一、学生阅览室

学生阅览室位于图书馆的二楼，占用面积886平方米，阅览座位约200个。收有期刊234种，报纸约40种。学生阅览室的收藏内容新颖，信息量大，涉及知识面广，传播速度比图书快，是一种极为重要的融学术性和知识性为一体的文献资源。踏进室内，你会感到环境幽雅清静、宽敞明亮、舒适整洁，是读书看报、及时准确地获取文献信息、开阔视野的好去处。

学生阅览室一角

二、图书外借室

图书外借室位于图书馆二楼，专用书库面积2874.7平方米。收藏了本馆过期装订成册的期刊合订本2524册，书库流通的图书为75518册，对全体师生实行全开架借阅，所有图书和期刊都按《中国图书馆分类法（第五版）》进行归类、编目、排架、标引，使无序变为有序，查找直观，可实行多种途径检索。室内设有新书展示架、阅览桌供读者室

图书外借室一角

内就读，取书方便，光线柔和、阅读舒适，每个书架均设有指示牌，清晰醒目，引导读者快捷检索，节约时间，并有值班老师和学生管理员巡逻，可随时为你找书或排忧解难。

三、特色服务

新书报道：以宣传书刊或打印的形式，报道馆内新到的图书目录。

新书展览：将新到馆的图书，以新书架形式集中排架展示以供借阅，直到收到下一批新书，方将前一批新书按类归架。

专题服务：定期每月出版一期读者借阅排行榜、图书借阅排行榜、超期借阅读者名单，并张贴在斗门区第一中学图书馆公告栏及各年级的公告栏内。

图书馆负责人对来馆工作满一学年的学生管理员，根据平时工作表现及出勤率可以开具"社会服务活动时长证明"，并加盖图书馆公章。

名师工作坊：斗门区第一中学名师工作坊是由正高级教师、特级教师袁长林校长牵头成立的教师专业发展工作坊，由1个广东省劳模创新工作室、2个广东省名教师工作室、4个珠海市名师工作室和7个校外名师工作站构成，囊括了教师专业发展的不同领域，覆盖了不同教师成长阶段的多样化需求，突出了跨行业、信息化需求发展。

名师工作坊

珠海市广东实验中学金湾学校图书馆

图书室

珠海市广东实验中学金湾学校图书馆坐落于校园北侧，毗邻金湖公园，环境优美、空气清新。馆内设有图书室、学生阅览区、教师阅览区、电子阅览区、朗读亭等功能分区。图书室配有自助查书机和自助借阅机，实现了全自动借阅。自2018年建馆以来，不断丰富馆藏种类和数量，现有纸质图书约8万册，电子图书约1万册，配备电子墨水屏和数字云屏等阅读终端，每年订阅各类期刊报纸120余种，并配备学科网、百度文库等电子资源，以满足师生丰富多样的知识需求。积极开展志愿劳动教育，普及图书馆知识，招募学生志愿者定期进行图书上架、图书整理等工作。推动图书馆文化建设，每年举办形式多样的读者活动，如"你选书，我买单"、读书分享会、"再读红楼，梦里寻宝"、拼贴诗创作、好书交换、新书推荐、图书漂流、科普教育等，2020年获全国"职工书屋"荣誉。

教师阅览区

朗读亭

"再读红楼，梦里寻宝"活动

读书分享会活动

学生志愿者

珠海市技师学院图书馆

珠海市技师学院创办于1980年，是珠海市唯一公办技工院校，是国家级重点技工院校、国家级高技能人才培训基地、国家中等职业教育改革发展示范学校、人社部首批一体化课程改革试点单位、广东省高水平技师学院建设学校、广东省高技能人才培养示范基地、广东技工院校"校企双制"示范创建院校。

学校图书馆始建于1981年，两校区馆舍总建筑面积为1143平方米，现设有教工阅览室、学生阅览室、电子阅览室、采编室、流通书库。图书馆现有藏书7万多册，工具书1000多种，报纸、期刊共356种，电子图书10万多册。图书馆现有专职管理人员2人，均具有本科学历并获得中级图书管理专业技术资格证。图书馆管理人员热爱本职工作，熟悉图书馆工作流程及业务，创新意识强，服务热情周到。

学校图书馆一角

图书馆采用CSLN"网图"集群图书馆管理系统，实现了采编、加工、流通、统计、公共检索查询的计算机管理，简化了借阅手续，提高了图书流通率。图书资源实现了网上共享，读者只要能上网，即可远程实现图书的查询、续借、预约，不受地域与时间的限制。管理手段的现代化为学校师生提供了良好的文献信息保障和服务。

阅读区一角

　　在为教师和学生提供服务方面，图书馆始终把服务于教学、服务于学生作为一切工作的重点，阅览室、书库周一至周五坚持每天连续开放13小时，周六、周日白天开放。图书馆工作紧密围绕新课程改革，日益成为全校师生学习的第二课堂和信息资源中心。积极为读者找好书、为好书找读者，开展形式多样的图书宣传推荐工作。让全校师生认识图书馆，利用图书馆，真正发挥图书馆在教育教学中的作用。为了丰富学生的"第二课堂"，充实学生的课余生活，全面提高学生的综合素质，图书馆于2010年3月8日成立了"读书协会"，"无私奉献，热情服务"是协会宗旨。协会的职责主要有为图书馆整理书架、录入杂志、新书推荐、阅读推广、组织征文比赛、开展专家讲座、读书心得交流会、学习心得体会分享、新书展览等。读书协会成立至今已举办13届校园读书月活动，通过形式多样的读书活动，积极引导学生阅读，极大地提高了馆藏资源的利用率，营造了浓郁的"书香校园"氛围。

开展"书香校园"活动

读书协会简介

读书协会创办于2010年3月，是学生自愿参与的学术型公益性社团组织，目的是培养学生的读书兴趣，提高学生的写作能力与文学鉴赏水平，并提高馆藏资源的利用率，营造浓郁的"书香校园"氛围。

"无私奉献，热情服务"是读书协会的宗旨，开展的工作主要是协助图书馆整理书籍、分类上架、录入杂志、新书推荐、图书剔除、征文比赛等，读书协会每年都会举办专家知识讲座、读书心得交流会、读书月大型游园活动，通过开展多层次、多样化的读书文化交流活动，积极引导学生参与阅读，积极营造浓厚读书氛围，增强校园人文气息。

在大家的共同努力下，读书协会至今已成功举办了十二届读书月活动，并获得丰硕的成绩：获评校级"优秀社团"称号，在大型活动中被授予"优秀组织奖"称号，获得广大师生的一致好评。

在2019年4月第十届读书月活动中，协会参加了由广东图书馆学会组织的【全民阅读】广东省"书香岭南"系列活动，因表现突出，活动被《广东省图书馆园地》期刊报道，也是广东省唯一在期刊上发表文章的技工院校。

读书协会历届剪影

珠海市第一中等职业学校图书馆

珠海市第一中等职业学校图书馆两校区建筑总面积1700平方米，香华校区始建于1988年，心华校区图书馆于2012年2月正式投入使用。全馆馆藏纸质文献约11万册，现刊300余种，在图书采访、编目、典藏、流通、阅览、检索、信息咨询、通借通还及统计等方面实现了现代化管理，读者可使用校卡或指纹的方式入馆借阅。

学校图书馆

馆内为读者提供了借还区、新书推荐区、期报刊阅览区、电子阅览区、读书分享区、书画区、藏书库、检索区、休闲区等，读者可在馆内享受一站式服务。

【新书推荐区】

该区域用于推荐馆藏新购的杂志或图书。

走进新书推荐区

【期报刊阅览区】

该区域空间大，采光好，冬暖夏凉。每年订阅报纸、杂志种类约340种，可同时容纳约120名读者阅读。

期刊阅览区　　　　　　　　　　　　报纸阅览区

【读书分享区】

图书馆曾组织在校师生在该区域举办读书分享会约50场次。

走进读书分享区

【休闲区】

该区域设有休闲座椅，手绘墙画给人以安静、舒适的阅读体验。

休闲区一角

珠海市理工职业技术学校图书馆

　　珠海市理工职业技术学校三个校区分设三个图书馆，总面积1049平方米，共有书库3座、阅览室3个。目前共有藏书11.7万册，报刊200余种。馆内藏书丰富，包括哲学、教育、体育、语言、文学、科学、艺术、物流、旅游服务、汽车维修、电气技术、计算机网络技术等各类书籍。工作日平均开馆时间约8.5小时/天，中午和下午放学后均提供借阅和课后自习服务。

珠海市理工职业技术学校图书馆

　　图书馆组织各种阅读推广活动，组织校园读书活动，倡导良好读书风气。举办"'4·23'世界读书日"系列活动，活动内容包含读书征文活动、知识竞赛、图书漂流活动、电影赏析、"阅读如此美丽"摄影大赛、新书展览暨图书现采活动等。还开展借阅排行榜、馆藏图书推荐、新书通报、班级图书团借活动、读书分享会、新生入馆培训等阅读推广活动，营造了良好的书香氛围，促进了学生多读书、读好书。不定期进行学生利用图书馆情况与课外阅读现状调查，了解读者利用图书馆的情况和阅读需求，以便更好地为读者服务。组建班级图书委员团队、图书馆志愿者团队协助图书馆开展阅读推广活动。

青马工程读书会

入馆培训

图书馆一角

珠海市卫生学校图书馆

珠海市卫生学校图书馆于2019年落成，于2020年12月正式开放使用。截至2021年10月，本馆面积约2000平方米，共有4层，总馆藏纸质文献约76000册；馆内配备报刊阅览室、书库、电子阅览室及智能检索系统、自助借还系统。

珠海市卫生学校图书馆

珠海市卫生学校图书馆秉持"师生本位"的办馆理念，以丰富校园文化生活为抓手，以辅助卫校教师教学教研为己任，旨在通过阅读服务，营造书香校园，推广中医药文化，彰显卫校办学特色。自办馆以来，本馆积极推进卫校学生阅读习惯的养成和信息素养的提升，配合学校各教学与行政部门开展教学教研活动，走出去与珠海市图书馆同行切磋学习。

走进图书馆

本馆建筑为圆体设计，配备360°落地玻璃窗户，四面采光通风。一楼设置师生报刊阅览室，提供146个座位，东南角设置期刊报纸专栏，当前已订阅期刊276种，报纸15种；正东区域为校园德育宣传角（现为禁毒宣传栏）；一楼侧门处设置读后感言粘贴栏，欢迎读者入馆阅读并留言上墙。

阅览室

本馆二楼提供86个阅览座位，设置储存书架、阅览书架、检索与自助借还系统。二楼藏册以社会科学读物为主，涵盖马列主义、哲学、政治、法律、军事、经济、科技、语言文学、体育、历史、地理、天文等主题书籍，总藏册约为3.5万册。

阅览室一角

本馆三楼提供84个阅览座位，设置阅览书架与工具书架，藏册以医药、卫生类读物为主，配备少量的综合性读物，涵盖预防医学、卫生学、中医学、内外科学、基础医学、临床医学、药学等书籍，总藏册约为3.8万册。

阅览室一角

本馆四楼为电子阅览室，提供多台联网的计算机供师生使用。电子阅览室计算机可检索查找本馆文献，并且能够直接访问中国知网、万方、国家科技图书文献中心、PubMed等数据库，以便于读者下载学习资源。

本馆自开馆以来，除了开展文献流通、参考咨询等传统服务，还根据学校各部门工作需求，提供场馆设施、学习资料等，并承办了一系列活动。例如，发挥馆内文献和检索系统优势，将卫生信息管理专业的检索课程请入馆内；配备私密的咨询空间，协助心理健康教育中心开展"青春心声，走进校园"活动；举行多期的"沁泽"阅读分享会活动；承办中山大学图书馆的百年红色文献展览；邀请中医专家开展"中医保健知识知多少"讲座；请学校行政第一党支部组织学生举办红色经典阅读分享等。利用本馆资源，为教学条件补短、为活动开展提质、为文化传播增效，丰富师生校园生活，推进学校教学教研发展。

系列读书活动照片

第五篇

图书馆论文

《中小学图书馆（室）规程》十五年后的新使命及愿景①

　　1991年8月29日，原国家教委颁布了我国自新中国成立以来第一版《中小学图书馆（室）规程》（以下简称1991年版《规程》）。为适应时代发展的需要，教育部于2003年3月27日颁布了《中小学图书馆（室）规程（修订）》［以下简称《规程（修订）》］。2018年5月28日，教育部颁布了再次修订实施的第三版《中小学图书馆（室）规程》《以下简称2018年版《规程》）。笔者通过对中小学图书馆（室）规程相关文献进行梳理，发现2003年版《规程》的出台，掀起了《规程》研究的热潮，研究集中在《规程》解读及落实、新旧《规程》的比较、不同国家地区标准的比较、《规程》对中小学图书馆发展的影响等方面。例如，《中小学图书馆（室）新旧规程之比较研究》对1991年版与2003年版《规程》进行了比较，并剖析了《规程》存在的不足。《〈中小学图书馆（室）规程（修订）〉与日本〈学校图书馆法〉》对《中小学图书馆（室）规程（修订）》与《学校图书馆法》进行了对比分析，并提出修改《规程》相关内容等建议。从相关研究可以看出，2003年版的《规程（修订）》对我国中小学图书馆（室）的建设起到了指导和推进的作用，大大提高了中小学图书馆（室）的管理与服务水平，但也存在一些问题与不足。十五年来，随着社会的进步，信息化、网络化技术环境的发展，高考改革、课程改革等向纵深发展以及图书馆服务环境、服务内容等发生较大的变化，《规程》十五年后的新变化、新使命以及愿景值得关注。对新旧《规程》进行对比分析有助于我们理解与把握新《规程》，窥视《规程》十五年后的新使命及愿景，从而推动中小学图书馆（室）工作的开展。

一、新旧《规程》的比较

　　本文采用了比较研究法，以2003年版《规程（修订）》与2018年版《规程》为样本，从结构框架、表述、内容等多方面对新旧《规程》进行了比较分析，简单归纳了

---

① 该论文由王鸿飞撰写，原载于《图书馆杂志》2020年第2期。

2003年版《规程》与2018年版的相同之处，并重点分析了新《规程》的新变化及原因、特点等。

（一）新旧《规程》的相同之处

本文通过对比新旧《规程》发现，2018年版《规程》与2003年版《规程》的宗旨、结构及主体内容基本是一脉相承的，两者都是为了加强图书馆的规范化、科学化、现代化建设，在框架结构上保持相对一致，全文都是从总则、管理体制、资源建设、资源管理、资源应用、条件保障等方面做相关规定。从具体内容来看，关于分类编目、著录规则、条件保障、《中小学图书馆（室）藏书分类比例表》等内容，两版的表述基本相同。

（二）新旧《规程》变化

1. 新旧《规程》中章节的变化

对比旧《规程》，新《规程》的框架条目发生了较大的变化，从五章二十一条变成了七章三十九条。其中，旧《规程》第三章"管理与使用"拓展成第三章"图书配备与馆藏文献信息建设"、第四章"图书馆与文献信息管理"、第五章"应用与服务"，第四章"条件保障"变成第六章"条件与保障"。另外，第二章"管理体制和人员"调整为"体制与机构"，并且将工作人员调整到第六章"条件与保障"，把工作人员作为中小学图书馆的条件保障之一。

2. 新旧《规程》的用语及表述变化

新旧《规程》在用语及表述方面有较大的变化，新《规程》的用语及表述体现出了专业、规范、适宜、准确等特点，与图书馆界、教育界用语趋向相一致，同时具有时代性的用语及表述。如：将图书资料变为文献信息，将书刊资料信息中心变为文献信息中心，将电子读物变为数字资源建设，将电子文档变为数字图书和电子期刊；等等。这些用语既体现了时代性，又体现了规范文件用语的一致性。

3. 新旧《规程》的主要内容变化

（1）图书馆定位的变化

新《规程》从"一个中心、一个机构"变成"一个中心、四个重要、一个组成部分"，充分说明了学校图书馆在教育科学研究、文化建设、课程资源建设、学生全面发展、教师专业成长、教育现代化等方面具有不可替代的作用。"社会主义公共文化服务体系的有机组成部分"这一表述，真正把中小学图书馆融入公共文化服务体系。

（2）管理机构及责任主体的变化

新《规程》中学校图书馆的管理机构由"省级教育行政部门"调整为"县级以上教育行政部门"。经费保障方面，各地教育行政部门和学校是责任主体。其次，新《规程》对馆长负责制做了具体说明。另外，增设的阅读指导机构对阅读指导机构人员组成及任务等提出了要求。

（3）文献信息建设与管理的规范化、数字化以及合作共享

新《规程》关于馆藏文献信息建设与管理的规范化、科学化的规定较多，涉及馆藏资源采购、资产账目和管理制度、档案管理、信息安全、统计数据的分析和保存等。新《规程》还强调了数字资源建设，信息化、网络化管理，区域数字图书馆和文献信息资源中心建设，等等。此外，新《规程》还提出文献信息建设、管理以及服务等各个环节要加强合作共享。

（4）图书馆服务方式及服务内容的变化

新《规程》要求图书馆以全开架借阅为主，以学校图书馆为中心，挖掘校园阅读空间，创建泛在阅读环境。新增新生入馆教育、文献信息检索与利用等课程，要求图书馆创新各类资源使用方式，组织形式多样的阅读活动，积极创建书香校园。另外，还要求增加图书借阅数据分析及应用。新《规程》还建议向特殊群体提供资源及服务。

（5）图书馆管理人员从业标准的变化

新《规程》要求设专职管理人员并保持其稳定性，对管理人员的从业标准有所提升，图书馆管理人员除了具备基本的专业知识，还要具备专业技能。新《规程》建议有条件可设立中小学图书馆图书资料系列专业技术岗位，支持图书馆管理人员参加专业培训、专业学术团体等。

（三）新旧《规程》变与不变的原因

2003年版《规程》在对1991年版《规程》进行修订的时候，充分借鉴了图书馆界实践与研究的最新成果，而中小学图书馆起步比较晚、基础比较薄弱、发展进程较慢，故2003年版《规程》的一些条文相对比较超前，甚至延续到2018年版《规程》都还是非常适用的，这是两版规程存在很多相同点的原因。当然，随着《国家中长期教育改革和发展规划纲要（2010—2020年）》《高考改革方案》等文件的出台，中小学图书馆（室）的规范化、科学化、现代化建设迎来了新的机遇与挑战。为适应新的教育改革的需要，2018年版《规程》在框架条目、用语表述、管理机制、文献信息建设、服务内容及服务方式等方面都有了新的变化，这既反映了新教改与实施素质教育的要求，又间接反映了2018年版《规程》的新使命。

二、新《规程》的特点分析

（一）对中小学图书馆（室）的重新定位

《关于加强新时期中小学图书馆建设与应用工作的意见》提出"基本建成与深化课程改革、实施素质教育相适应的现代化中小学图书馆建设、管理和服务体系""成为学

校信息资源高地和师生智慧中心、成长中心、活动中心"。新《规程》"一个中心、四个重要、一个组成部分"的定位，是"一个高地、三个中心"的延伸，更能反映学校图书馆不可替代的育人价值。当然，中小学图书馆在实际工作中的服务定位受馆长和图书馆员的服务理念、专业能力、职业道德等因素的影响。在现实中，学校图书馆员要立足于校情、馆情，利用自身独特的专业视野，结合现有馆藏以及图书馆发展规划，围绕"立德树人"的根本任务，营造校园阅读氛围，并且积极落实培育社会主义核心价值观、弘扬中华优秀传统文化、助力教学教研、开展阅读活动等主要任务，推动书香校园的建设，响应全民阅读的号召。

（二）理顺了管理机构，明确了责任主体

新《规程》通过调整，理顺了管理机构，强化了责任主体的相关责任。一是把管理权限下移，确立县级以上教育行政部门在行政区域内图书馆的领导地位。二是各地教育行政部门和学校是图书馆经费来源的责任主体，保障提供图书馆所需的一切经费。三是地方各级教育行政部门还要承担起藏书质量和管理服务的督导评估责任。在学校层面，图书馆的重大事项最终由校长办公会决定，这符合学校决策的流程。此外，新《规程》建议设立阅读指导机构，指导和协调全校阅读活动，这有利于提高阅读活动的关注度并增强阅读活动影响力。

（三）馆藏文献信息建设与管理的规范化要求不断提高

《关于进一步加强中小学图书馆（室）图书配备和管理工作的通知》对中小学图书采购管理和市场准入做了相关规定。《关于加强新时期中小学图书馆建设与应用工作的意见》的六大重点任务就包括"确保馆藏资源质量""规范馆藏采购机制"这两大任务，对改善馆藏结构及馆藏资源质量具有指导意义。新《规程》要求中小学校根据发展目标、师生需求制定馆藏文献信息建设发展规划，同时建立和完善馆藏资源采购、配备办法，建立意见反馈机制，定期开展清理审查，不断提高资源质量和适宜性。学校图书馆员要加强馆藏发展方面的制度建设，不断完善图书采访、分类编目、复本量、增新剔旧等规章制度，除此之外，还要探索档案管理规范、数据保存及利用机制、信息安全机制、校本资源开发和建设机制、读者服务及阅读推广的模式等，不断推动图书馆管理的规范化、科学化。当然，如果有中小学图书馆规范化建设的相关标准或量化指标为学校管理者和图书馆员提供参考，在一定程度上可加快中小学图书馆规范化建设的进程。

（四）文献信息建设的数字化与合作共享得到不断加强

新《规程》要求中小学图书馆加强数字资源建设，把图书馆纳入学校信息化建设整体规划，实行信息化、网络化管理并提倡由教育行政部门统筹区域数字图书馆和文献信息资源中心进行建设，开展优质数字资源共建共享，学校图书馆依托这些区域数字图书馆和文献信息资源中心开展数字资源服务。

新《规程》促使图书馆合作共享得到不断加强。一是加强馆际交流，通过合作与共享充分发挥学校图书馆在资源整合、学科融合、阅读指导等方面的作用。二是加强与公共图书馆（少年儿童图书馆）、高校图书馆等各种类型图书馆的合作。作为公共文化服务体系的一个分支，中小学图书馆在文献信息建设、阅读推广等方面可以借鉴公共图书馆、高校图书馆的成功经验。《中华人民共和国公共图书馆法》第48条就提到"国家支持公共图书馆加强与学校图书馆、科研机构图书馆以及其他类型图书馆的交流与合作"，这为中小学图书馆与公共图书馆合作提供了法律依据。

（五）图书馆资源、空间服务要求的全面提升

（1）对服务时间提出要求

新《规程》明确了图书馆的开放时间，要求教学期间每周开放时间不少于40小时，鼓励图书馆在课余时间、法定节假日和寒暑假期间对师生开放。

（2）全面开放的服务理念

从"以全开架借阅和半开架借阅结合"到"全开架借阅"，是中小学图书馆服务理念的又一次进步。新《规程》提出在确保安全的前提下，可以充分利用走廊、教室等空间，创新书刊借阅方式，优化借阅管理，创建泛在阅读环境。这与24小时自助阅读空间、班级图书角、走廊书吧等阅读空间的出现不谋而合。

（3）服务项目不断拓展

一是在保留阅读指导课的基础上，增加新生入馆教育、文献信息检索与利用等教育课程；二是开展针对教学科研活动的文献信息服务；三是提出创建书香校园；四是关注图书借阅数据，通过数据分析，促进资源建设，适应学生阅读。

（六）图书馆管理人员的从业标准日益专业化

新《规程》对管理人员的从业标准做了一定的调整，中学图书馆管理人员应当是大学本科以上的文化程度，小学图书馆管理人员应当是大学专科以上的文化程度。图书馆应当设专职管理人员并保持稳定性。这体现了不断提高图书馆专业人员比例、提高队伍稳定性的初衷。中小学图书馆员在职务（称）评聘等方面存在很多问题，新《规程》支持图书馆管理人员参加各种专业培训，以获取培训学时；支持图书馆管理人员加入专业学术团体，提升图书馆管理人员的专业水平。

三、现实中新旧《规程》的不足

新旧《规程》作为指导中小学图书馆建设的全国性规范文件，仍然偏重宏观上和整体上的要求，对图书馆各项业务不能给予明确、具体的规范和指导。2003年版《规程》

出台后的十五年来，尽管业界多次呼吁尽快研究并制定与《规程》配套的全国性中小学图书馆建设专门性标准，如《中小学图书馆（室）建设标准》等，但到目前为止，2018年版《规程》并没有制定出配套的全国性中小学图书馆建设标准，也没有要求制定省、市等地区性的中小学图书馆建设标准。在实际工作中，中小学图书馆的建设仍因为缺乏具体的建设标准及规范而举步维艰。

其次，《规程》作为指导性文件，并不具备法律效力，在实际执行中往往存在着不少问题，比如，办馆场所、经费、人员、图书采购等缺乏保障，《规程》并不能够解决实际问题。新《规程》尽管明确了管理机构及机制，加强了对责任主体的行为要求，但是仍然无法确保新《规程》的各项要求都得到贯彻落实。故中小学图书馆法仍然是我国中小学图书馆建设期待出台的法律条文。

此外，新旧《规程》与国外地区的中小学图书馆法规还存在一定的差距。以最新公布的《规程》与《学校图书馆指南（第二版）》为例，新《规程》与《学校图书馆指南（第二版）》相比差异较大，在很多领域仍然存在一定的差距，比如，《规程》缺乏评估图书馆的指标体系、评估办法以及评估清单等，不利于中小学图书馆督导评估工作的开展。

四、《规程》改版后的新使命及愿景

通过对新旧《规程》的比较分析以及新《规程》的解读，可以梳理出《规程》十五年后的新使命及愿景。笔者结合新《规程》变化较多的部分，将中小学图书馆未来发展的方向及趋势总结如下：

（一）全面开放、以人为本等理念将全面激活我国中小学图书馆

"全开架借阅""泛在阅读环境"等概念出现在新《规程》中，体现了中小学图书馆服务理念的更新。图书馆是一所没有围墙的大学，要做到学校在图书馆中、随处可见图书馆，需要图书馆人理念的更新、信念的坚守、知识和技能的保证。只有不断更新理念，接受新鲜事物，不断加强图书馆基础设施建设，打造幽雅的阅读环境、开放的阅读空间，中小学图书馆才能真正成为信息资源高地和师生的智慧中心、成长中心、活动中心。另外，开放服务仍然将是中小学图书馆探索的方向之一，面向家长、社会的开放服务仍需经过一个漫长的探索过程。

新《规程》在资源建设、读者服务、信息安全等多方面提倡以人为本的理念，例如，阅读指导机构组成人员包括教师、学生等读者代表。在馆藏资源建设方面，一是注重听取师生意见，提高资源的质量和适宜性；二是设施、设备甚至资源都要考虑是否符合学生年龄段的使用需要；三是有特殊学生的图书馆要配备适合特殊学生的资源，有特

殊学生群体的图书馆要设置无障碍设施及相关标识。另外，强调要保护好师生个人信息、借阅信息及其他隐私信息，以确保信息安全。

（二）馆藏资源建设呈现合理化、数字化、多样化趋势，馆藏质量评估将逐步加强

图书馆要综合考虑学校发展目标、馆员、师生需求、家长需求等因素，制定馆藏资源建设发展政策及发展图书馆馆藏的步骤，从而推动图书馆馆藏管理与发展，以确保实现馆藏结构的科学化、合理化。

另外，按照《国家中长期教育改革和发展规划纲要（2010—2020年）》以及新高考改革等相关要求，图书馆要统筹纸质资源、数字资源和其他载体资源，有效整合实体和虚拟资源，建立健全馆藏资源体系。中小学图书馆根据实际开展电子资源建设的统一规划与指导，引进电子图书、电子期刊、在线数据库、多媒体学习材料等电子资源，加快数字图书馆或文献信息中心的建设，同时，要关注微课、翻转课堂、慕课以及其他新技术给中小学图书馆带来的新机遇及挑战。

中小学是图书馆的建设主体，学校在发展理念、校园文化、办学特色、经费投入等方面存在差异也会导致不同学校的馆藏建设的方向有所不同，出现多样化、特色化的差异。故中小学图书馆馆藏资源建设也要注重挖掘学校特色，参与校本资源的开放和建设，重视对校本资源、特色资源的整理保存。为加强对中华优秀传统文化的教育，图书馆还要引进国学、再造善本、地方文献等，如建设国学馆，打造特色馆藏库、建设校本馆等。

此外，可以预见未来针对馆藏进行的常态化督导评估会不断加强。要解决当前中小学图书馆资源质量不高、结构混乱的问题，图书馆必须对现有的馆藏及利用情况进行统计和评估。首先，要定期开展馆藏图书的清理审查，切实改善馆藏图书质量。如新《规程》出台后，"中小学图书馆（室）馆藏图书适宜性"评价工作是影响中小学图书馆馆藏发展的一项新举措，未来中小学图书馆馆藏质量评估将逐步加强。其次，对评估数据及馆藏数据的分析利用将引起学校重视，为图书馆改进阅读服务等提供参考。

（三）信息技术将不断升级图书馆阅读空间与服务，嵌入教育教学服务将成为服务创新点

随着图书馆理念以及信息技术的发展，中小学图书馆正在向现代化、科学化、信息化的发展模式转变，中小学图书馆要重视技术对图书馆发展的影响。智慧图书馆是当前图书馆事业发展的一种趋势，中小学图书馆的智能化、智慧化发展正处在起步阶段，一些中小学图书馆已经打造了24小时自助阅读空间或实现了全馆的智能化管理，图书馆的智慧化管理与服务将是中小学图书馆通过信息技术不断升级图书馆阅读空间及服务水平的有效探索。随着理念的更新及投入经费的增加，中小学图书馆利用信息技术改造阅读空间、改进服务手段、提升图书馆服务成效将成为一股热潮。另外，因社交媒体、新技术驱动而出现的一些新的服务也会越来越多，如微信服务、创客空间等。

新高考改革的大环境下，中小学图书馆嵌入教育教学服务将成为服务创新点，也决定着中小学图书馆的历史地位和未来命运。我们应当不断挖掘图书馆的服务创新的潜力，围绕新高考改革、生涯规划教育、探究性学习、整本书阅读、创客空间等热点话题，重新思索图书馆服务创新点，并努力在地方课程与校本课程开发、阅读方法的研究与推广等方面有所突破。另外，要借助信息技术等，将图书馆及其资源的覆盖范围扩大到教室甚至是整个校园，不断拓展与教育教学深度融合的服务项目，探索在"互联网+"时代如何开展新生入馆教育、文献信息检索与利用、阅读指导课等工作。

（四）馆际合作呈现规模化、标准化趋势，将形成具有长效运作机制的合作模式

对图书馆馆际合作问题的探讨由来已久，但是，无论是中小学图书馆的馆际合作，还是跨系统与其他类型图书馆的合作，均未在全国范围内形成规模，尚未实现系统化的长效运作。然而，馆际合作是大势所趋，除了《规程》，《中华人民共和国公共图书馆法》《中华人民共和国公共文化服务保障法》等都有中小学图书馆加强馆际合作的依据与支撑。在贯彻落实《规程》的过程中，图书馆主管部门将牵头推动建设区域性的图书馆联盟。此外，中小学图书馆与公共图书馆、高校图书馆在图书导读、文献信息检索培训、阅读活动、馆员培训、技术支持等各层面、各领域都有合作基础及合作空间。可以预见，中小学图书馆的馆际合作将在多方力量的推动下呈现规模化、标准化趋势。另外，随着馆际合作的区域化、规模化、规范化，将形成一批具有长效运作机制的合作模式，作为中小学图书馆与各类型图书馆的合作样板。

五、结语

本文通过对《规程》2003年版与2018年版进行比较分析，列举了《规程》十五年后的新变化，分析了新《规程》的特点，并在对新旧《规程》的分析与解读的基础上，总结了《规程》十五年后的新使命及愿景，阐明了中小学图书馆（室）未来发展的方向与趋势，为我国中小学图书馆（室）贯彻落实新《规程》指明了方向。本研究还丰富了《规程》的理论研究体系，也为下一步的实践与研究打下了基础。

参考文献：

［1］孟鞸. 中小学图书馆（室）新旧规程之比较研究［J］. 中小学图书情报世界，2003（8）：4-7.

［2］钟伟.《中小学图书馆（室）规程（修订）》与日本《学校图书馆法》［J］. 中小学图书情报世界，2004（6）：6-8.

［3］吴惠茹.大陆与台湾地区中小学图书馆建设标准比较分析与思考［J］.图书情报工作，2015（20）：54-59.

［4］王鸿飞.中小学图书馆建设实践与阅读推广［M］.广州：广东教育出版社，2016：17-18.

［5］麦彩云.台湾地区高中图书馆馆藏发展政策及启示［J］.图书馆工作与研究，2018（5）：83-89.

［6］覃凤兰.中小学图书馆（室）研究综述［J］.图书馆理论与实践，2017（8）：68-72.

［7］吴梦.我国中小学图书馆研究综述［J］.图书馆工作与研究，2018（6）：34-38.

［8］王鸿飞.刍议珠海特区中小学图书馆与其他类型图书馆之合作［J］.公共图书馆，2014（2）：37-40.

《学校图书馆指南（第二版）》
对我国中小学图书馆的启示①

2015年8月10日，国际图联学校图书馆委员会发布了国际图联于2015年6月批准通过的《学校图书馆指南（第二版）》，它代替了2002年版的《学校图书馆指南》，成为了新的国际标准。该指南发布以后，国内图书馆界及时开展了相关研究。廖兰的《〈国际图书馆协会联合会学校图书馆指南（第二版）〉评介》对指南内容进行了介绍和评价。郑杨、王芳、马家伟等的《〈IFLA学校图书馆指南（第二版）〉的探析与思考》介绍了指南的整体框架及要求，并从图书馆员、馆藏资源建设、图书馆教育、图书馆评估等方面进行了思考。张靖、林琳、张盈等的《IFLA国际标准的中国适用性调查——以〈学校图书馆指南〉为例》采用问卷调查法及访谈法，围绕指南的16条建议对中国广东8所中小学图书馆进行了调查，对调查结果进行了分析和讨论，得出指南的适用性方面的结论。郑杨、张兵、庞德盛等的《〈国际图联学校图书馆指南（第二版）〉译读与解析》解读了指南的主要内容，阐述了学校图书馆的定义、学校图书馆管理员的角色、学校图书馆的资源、项目与活动、评价等。

从文献调研来看，现有的研究立足于《学校图书馆指南（第二版）》主要内容的介绍与解读，以及对《学校图书馆指南（第二版）》在中国的适应性调查分析。目前国内对《学校图书馆指南（第二版）》的研究还有很多空白，特别是结合《中小学图书馆（室）规程》等建设标准或我国中小学图书馆建设实际对《学校图书馆指南（第二版）》进行的比较分析和探讨比较缺乏。2018年5月28日，教育部颁布了《中小学图书馆（室）规程》，对2003年发布的《中小学图书馆（室）规程（修订）》进行了修订，使其成为了指导我国中小学图书馆（室）工作的最新规程。将《学校图书馆指南（第二版）》与《中小学图书馆（室）规程》（2018年版）进行比较，分析它们的优劣之处，并探讨《学校图书馆指南（第二版）》值得我国中小学图书馆参考与借鉴的地方，有助于推动我国中小学图书馆事业的发展。

---

① 该论文由王鸿飞撰写，原载于《图书馆理论与实践》2020年第5期。

一、《学校图书馆指南（第二版）》概述

国际图联/教科文组织发布的《中小学图书馆宣言（1999）》表示世界各地的学校图书馆的建设有着共同的目的：学校图书馆为所有师生的教学和学习而存在，并从学校图书馆的使命、基金、立法和网络，学校图书馆的目标、图书馆员、运作和管理及宣言的实施等方面做了相关规定。2002年，国际图联和联合国教科文组织出版了《IFLA/UNESCO学校图书馆指南》，打破了世界各国学校图书馆没有统一指导方针的局面。顺应新的发展情况，由国际图联（IFLA）的标准委员会（Committee on Standards）负责制定的《学校图书馆指南（第二版）》发布，该指南旨在为全球的学校图书馆专业人员和教育决策者提供帮助，使他们能为所有师生提供优质的学校图书馆服务和项目，为各国中小学图书馆提供更为全面均衡的指导性意见。2017年6月14日，由中山大学资讯管理学院张靖副教授团队负责翻译的《国际图联/联合国教科文组织学校图书馆指南（第二版）》（*IFLA/UNESCO School Libraries Guidelines, 2nd edition*）的中文版在国际图联官方网站正式上线。这意味着这一国际标准在中国的宣传与推广将进入新的阶段。该指南包括前言、概要、建议、引言、正文、术语表、参考书目、附录等部分。其中，指南中的16条建议是专门供学校图书馆专业人员和教育决策者使用的，以确保所有学生和教师体验到有效的学校图书馆服务和活动，并由有资质的学校图书馆人员进行传达。正文包括6章内容，分别为第1章——学校图书馆的使命和宗旨、第2章——学校图书馆的法律和经济框架、第3章学校图书馆人力资源、第4章——学校图书馆的实物和数字资源、第5章——学校图书馆的规划与活动、第6章——学校图书馆的评估与公共关系。

二、《学校图书馆指南（第二版）》与《中小学图书馆（室）规程》的比较分析

本文采用比较研究法，以《学校图书馆指南（第二版）》（以下简称《指南》）为样本，通过与我国最新发布的《中小学图书馆（室）规程》（2018年版）（以下简称《规程》）进行比较，从适用范围、结构框架、图书馆的性质与任务、图书馆保障和经费支持、图书馆人力资源、图书馆实体和数字资源、图书馆服务与活动、图书馆评估和公共关系等方面对两者进行对比分析，归纳总结《指南》与《规程》的异同点。

（一）适用范围

《指南》概要指出，指南条款旨在协助学校图书馆专业人士和教育决策者，致力于保障所有学生和教师都能使用由符合资质的学校图书馆工作人员提供的、有效的学校图书馆活动和服务。另外，"引言"中提出"指南可用于支持在不同地区以不同的方式存

在的学校图书馆的发展和改进，旨在引导政府、图书馆协会、学校、学校领导者和当地社群，促使学校图书馆能够与当地的教育成果相一致"。"引言"还建议《指南》以适应当地情境（尤指立法和课程教学方面）的方式进行调整和实施。而《规程》适用于公办、民办全日制普通中小学校的图书馆。从适用范围看，《规程》仅适用于全日制普通中小学校的图书馆，而《指南》适用于不同地区以不同的方式存在的学校图书馆，适用范围更广。然而，张靖、林琳、张盈等人的调查发现，《指南》的16条建议对我国中小学图书馆的总体适用性不高，中学馆与小学馆的适用性差异很大，《指南》更适用于中学馆，也更适用于未来指导。

（二）结构框架

《指南》文本篇幅较大，结构非常完整，包括目录、前言、概要、建议、引言、正文、术语表、参考书目、附录等。其中，正文包括学校图书馆的使命和目的、学校图书馆的法律和经济框架、学校图书馆人力资源、学校图书馆的实体和数字资源、学校图书馆的活动、学校图书馆评估和公共关系等，共六章四十条。《规程》的框架条目包括总则、体制与机构、图书配备与馆藏文献信息建设、图书馆与文献信息管理、应用与服务、条件与保障等，共七章三十九条。从正文看，两者的章节相差不大，不同之处在于《指南》比《规程》多了概要、建议、引言等，对《指南》的使用做了很详细的说明。另外，《指南》的附录为《中小学图书馆宣言（1999）》《学校图书馆预算方案》《探究式学习教学模型》《学校图书馆评估清单示例（加拿大）》《学校图书馆评估清单——校长用》等，《规程》的附录为《中小学图书馆（室）藏书量》《中小学图书馆（室）藏书分类比例表》。两者的附录差别很大，《规程》侧重于对资源建设的量化指标，《指南》侧重于预算、教学模型以及图书馆评估的参考模板。

（三）图书馆的性质与任务

《指南》认为学校图书馆是学校实体和数字学习空间，也是信息空间、教学空间、技术空间、文化中心、数字公民中心、信息环境以及社会空间。学生通过学校图书馆阅读、查询、研究、思考、想象和创造，实现信息到知识的转化，并获得个人的、社会的和文化的成长。《指南》的建议3提出"学校图书馆的成功依赖于三个必要条件：具备专业资格的图书馆员，支持学校课程教学的馆藏，明晰的可持续发展规划"。《规程》认为图书馆是中小学校的文献信息中心，是学校教育教学和教育科学研究的重要场所，是学校文化建设和课程资源建设的重要载体，是促进学生全面发展和推动教师专业成长的重要平台，是基础教育现代化的重要体现，也是社会主义公共文化服务体系的有机组成部分。"一个中心、四个重要、一个组成部分"充分体现出我国中小学图书馆提升到了前所未有的高度，并与社会主义公共文化服务体系紧密地联系在一起。

其次，《指南》认为学校图书馆要提供与课程接轨的有效的教学项目，并要在学习社群以资源为基础的能力、以思考为基础的能力、以知识为基础的能力、阅读和语文能力、个人和人际能力、学习管理能力等能力的发展过程中扮演领导角色。学校图书馆要根据学习社群的需要为其提供一系列服务，比如，教职人员的专业发展，以学术成就、个人享受和提升为目的的充满活力的文学或阅读活动，探究式学习与信息素养发展，与其他图书馆的合作，等等。《规程》则认为图书馆的主要任务包括培育社会主义核心价值观，弘扬中华民族优秀传统文化，构建文献信息和服务体系，协助教师的教研活动，培养检索和利用文献信息的知识与技能，组织阅读活动，等等。从任务看，《指南》强调与课程接轨并侧重各种能力的培养。《规程》在教研服务、阅读活动、文献检索等方面跟《指南》有相似的要求，根据立德树人的要求，在核心价值观、中华优秀传统文化传承、德智体美全面发展等方面均有符合中国国情的任务。

（四）图书馆保障和经费支持

《指南》从学校图书馆的法律依据和法律问题、道德依据和道德问题、基础设施支持、政策、计划、资金等七个方面阐述了学校图书馆应该得到立法和持续资金的支持。《指南》的建议5提出"应该在政府一级或多级适当地进行学校图书馆立法，以确保界定关于建立、支持和持续改进所有学生可以访问的学校图书馆的法律责任"。《规程》中没有关于中小学图书馆立法的表述。《指南》认为应在国家和（或）地区/地方层面的教育行政单元内设立建立和发展学校图书馆需要的支持系统，根据学校的整体政策和需求来制定学校图书馆政策，确保在结构清晰的政策框架内管理学校图书馆。图书馆员要积极参与制订学校图书馆计划，并与学校管理者、教师和学生进行充分的沟通。《规程》中也有类似的要求，规定由"县级以上教育行政部门"负责中小学图书馆的规划和管理等事项，同时实行馆长负责制，由一名校级领导分管图书馆工作，有关图书馆工作的重大事项应当听取图书馆馆长的意见，最终由校长办公会决定。此外，建议学校根据需要设立阅读指导机构，指导和协调全校阅读活动的开展。

另外，《指南》认为应认真规划全年的预算开支并使预算符合政策，同时对学校图书馆预算提出了要求。从条件与保障的要求上看，《规程》对馆舍、图书馆场所、馆内环境、馆内设施设备等方面提出了要求，但是缺乏量化的指标，不便于操作。《规程》还规定要保障图书馆建设、配备、管理、应用、培训等所需的经费。

（五）图书馆人力资源

《指南》对学校图书馆员进行了定义，列举了学校图书馆提供的活动所需要的能力，认为学校图书馆员需要接受学校图书馆学和课堂教学的正规教育，以培养其专业能力，从而使其能够胜任涵盖教导、阅读及基本素养培育、学校图书馆管理、与教职人员协作、教育社群参与等方面的复杂角色。学校图书馆的人力资源包括专业图书馆员、辅助人员以及志愿者等。其中，专业图书馆员负有包括教导、管理、领导和协作、社群参与、推广图书馆活动和服务等职责。《规程》在第六章第三十三至三十五条规定了图书馆管理人员的要求和待遇。其中，要求中小学图书馆设立专职管理人员，并确保专职管理人员的稳定性与编制。图书馆管理人员应当具备基本的图书馆专业知识与专业技能，同时要求中学图书馆管理人员具备本科以上学历，小学图书馆管理人员具备专科以上学历。在管理人员待遇方面，鼓励设置中小学图书馆图书资料系列专业技术岗位，并重申了图书馆管理人员在调资晋级或评奖时与学科教师的同等地位。另外，支持图书馆管理人员参加各种专业培训和专业学术团体，从而不断提升管理人员的专业素养。国内中小学图书馆没有辅助人员的相关规定，但兼职管理人员或临时工作人员并不少见。《关于加强新时期中小学图书馆建设与应用工作的意见》在强化队伍建设方面提到了"逐步建成由专（兼）职人员、志愿者等组成的中小学图书馆管理人员队伍"。在中小学图书馆实践中，建立学生志愿者队伍的图书馆所占比例不低，并且已经积累了丰富的经验。

（六）图书馆实体和数字资源

学校图书馆的实体与数字资源包括教学所需的设施、设备和馆藏资源。《指南》对馆舍的位置和空间建设的考虑因素做了详细的说明，并提出建设学习研究区、非正式阅读区、教导区、媒体制作和小组活动区、行政管理区等功能区域。在馆藏建设和管理方面，《指南》对馆藏管理政策和流程、数字资源相关问题、馆藏标准、资源共享等做了相关规定。国内学校图书馆的实物设施设备主要反映在馆舍建设、功能室（区）安排以及图书馆家具、图书馆设备、电脑设备、宣传标识等基础设施设备等方面。例如，《佛山市教育装备建设指南（图书馆装备篇）》对场室建设的要求相对来说更加具体，规定"图书馆应设有藏书区、借阅区、阅览室、采编室、卫生间等专业或辅助用房"。另外，《规程》提出要统筹纸质资源、数字资源和其他载体资源，对藏书量、藏书比例、增新剔旧、采购配备办法、数字资源建设、校本资源开发和建设等也做了相关要求。

（七）图书馆服务与活动

《规程》对图书馆的服务时间、服务内容、阅读活动、借阅数据等做了要求，提出做好阅览、外借、宣传推荐、文献信息等服务，开设新生入馆教育、文献信息检索与利用、阅读指导等课程，开展形式多样的阅读活动，创建书香校园。另外，提出鼓励馆际交流，加强与各类型图书馆的馆际合作，以实现资源共享。

《指南》认为学校图书馆对实现学校目标所能做的贡献程度取决于资源配置和人员配置，服务与活动必须由符合资质的学校图书馆员与学校的校长或首席教师、部门主任和其他学校专家、课堂教师、后勤人员以及与学生密切合作，一道制定。学校图书馆应侧重于提供以下核心活动：基本素养培育和阅读推广、媒体和信息素养教育、探究式学习、技术集成、教师的专业发展。

（八）图书馆评估和公共关系

《指南》认为评估能够帮助决策或解决问题，可以影响人们对图书馆的看法和得到人们对学校图书馆的支持。图书馆评估既包括针对整体质量的学校图书馆评估，又包括活动质量、利益相关方意见、活动内容、活动影响等其他层面的图书馆评估方法。《指南》还提出循证实践是学校图书馆评估的常用方法。学校图书馆通过整合形成实践的证据、实践中的证据、关于实践的证据三类数据，为活动和服务的改进提供了证据，从而带来了新设计的活动和服务。《规程》中关于评估方面的内容相对比较少，主要包括地方各级教育行政部门对图书馆藏书质量和管理服务的督导评估、图书借阅数据分析、通过阅读指导机构反映师生意见和要求等。

此外，《指南》提到要加强学校图书馆的推广、市场营销、宣传，从而影响决策者和实施决策的人。《规程》除了提到资源宣传外，并没有关于市场营销、推广的表述。另外，《规程》提出要加强图书馆合作并配合企事业单位、社会团体和公民个人以各种方式支持、参与图书馆建设。

三、优劣分析

《指南》作为学校图书馆的国际标准，强调了学校图书馆的全球性与必要性，对学校图书馆的使命和目的做了详细的说明，对图书馆在学校中的角色或任务进行了具体描述。世界各地的学校图书馆不管用什么专业名字，其实体与数字空间的功能是大同小异的，《指南》适用于全球范围内所有类型的学校图书馆。《指南》在图书馆的性质与任务、图书馆立法及经费预算、图书馆员的能力要求、与课程接轨的活动、图书馆评估等方面的规定符合国际标准该有的地位，比《规程》更具前瞻性，对学校图书馆的发展更具专业引领作用。

但是，《指南》相对于《规程》或者我国中小学图书馆来说，也存在一些不足之处。《指南》的一些理念或表述并不太能为我国中小学校的领导或者图书馆员所理解、接受，例如，学校图书馆的使命和目的的表述、图书馆活动的表述、图书馆辅助馆员的表述等跟中国现有的表述有较大区别。故《指南》只能在宏观上作为参考借鉴，在理念层面对我国中小学图书馆有一定的帮助，但要指导实际的图书馆业务，还要充分考虑我国的国情以及各中小学校的校情等，其本土化研究及实践可谓任重道远。

四、《指南》对我国中小学图书馆的启示

（一）制定图书馆发展规划，清晰表述图书馆的定位及使命

《指南》的中国适用性调查发现，中小学图书馆基本没有将其使命和目的化作文字，也很少定期编制图书馆发展计划。《学校图书馆宣言》《指南》等则对学校图书馆的使命、目的等进行了非常详细的陈述，并认为一份明晰的可持续发展规划是学校图书馆发展的必要条件。另外，"学校图书馆的使命和目的应与国家的、区域的以及当地的教育管理部门的期望相一致，也应与学校课程的目标相一致"的建议非常值得我国中小学图书馆思考与借鉴。中小学图书馆要立足于教育改革政策，依据《规程》以及省、市图书馆建设标准，结合学校以及图书馆实际，制定符合校情的图书馆发展规划，明确图书馆的发展定位、使命、服务内容及愿景等，对图书馆的短期、中期以及长期发展计划做出说明。目前，《规程》提出学校可根据需要设立阅读指导机构，指导和协调全校阅读活动，该阅读指导机构可以同时肩负起制定图书馆发展规划的工作。

（二）在中小学图书馆政策、经费以及人力资源等方面的支持力度有待加大

使学校图书馆得到专门的立法和政策支持、充足且持续的资金是地方、区域以及国家当局的职责。《学校图书馆宣言》《指南》等在对学校图书馆的法律支持、道德支持、基础设施建设支持、政策支持、计划支持、资金支持、人力资源支持等方面都进行了阐述。目前，《规程》是我国唯一的指导中小学图书馆建设的全国性规范文件，但仍然缺乏配套的政策及具体实施的标准。其原因：一是没有研究制定与《规程》配套的全国性中小学图书馆建设专门性标准，如《中小学图书馆（室）建设标准》等；二是没有要求省、市中小学图书馆主管部门制定地区性的中小学图书馆建设标准；三是除了《关于加强新时期中小学图书馆建设与应用工作的意见》，省、市以及县级以上教育行政部门制定的关于推动中小学图书馆建设的政策极少。我国至今尚未形成一部关于中小学图书馆的专门性法律，不如日本学校图书馆法律体系完善。另外，为馆藏发展、经费预算、人力资源保障、图书馆活动、图书馆合作等提供实施模板也是我国努力的方向。所以，我国中小学图书馆在立法和政策方面的支持力度还有待加大。

此外，《指南》多次强调学校图书馆拥有一名训练有素且积极性高的工作人员至关重要。《规程》对中小学图书馆的管理人员的从业标准、专业知识、专业技能以及待遇等做了相关规定。但是由于编制不足等各种原因，中小学图书馆的专业馆员仍然特别缺乏，很多图书馆没能配备专业馆员，辅助工作人员或兼职工作人员的人数也不足以支撑图书馆的正常运转。

（三）立足教育改革，不断完善阅读空间与馆藏，推出与课程接轨的图书馆活动

《指南》面向全球思考，立足当地实践，在适应每个国家或地区的立法、政策和课程教学等方面的基础上实施，体现出图书馆要在一定的法律政策框架下，紧密围绕课程教学等需要落实建设、发展馆藏以及开展服务活动的要求。在《规程》的出台以及课程改革、新高考改革等背景下，中小学图书馆要重新思考自身的功能定位及任务、目的，结合教育改革需要，完善图书馆设施设备，改造图书馆的阅读空间，依据符合校情的馆藏发展政策，统筹做好纸质资源、数字资源和其他载体资源，开发校本资源，积极推动数字资源的共建共享，并充分利用各种资源开展服务以及阅读推广活动。高考新形势下，中小学图书馆面临着新的机遇与挑战，要科学合理地甄选文献，严把校园图书质量关，不断丰富图书馆馆藏，创设人们喜闻乐见的阅读推广方式，如筹办读书会，开设阅读课，做好阅读与成绩的关系的分析研究，搭建校园阅读与社会阅读的桥梁，等等，以促进全民阅读。

另外，我国仍然还有很多中小学图书馆处于可有可无、边缘化的状态，要改变这种状况，图书馆的资源配置、服务与活动等必须让校长、图书馆员、部门主任、课堂教师、学生等多方参与进来，确保图书馆的资源、服务、阅读活动能够与课程接轨，与教育教学紧密联系在一起。例如，中小学图书馆要围绕"培育社会主义核心价值观，弘扬中华优秀传统文化"等主题开展形式多样的活动，创建书香校园，并融入学校德育体系的建设中。通过开展新生入馆教育、文献信息检索与利用、阅读指导等课程，为基本素养培育、探究式学习、技术集成、生涯规划教育、教师专业发展等提供相关服务，并将其嵌入学校的教学教研工作之中。

（四）制定图书馆评估办法，加快推进多层面的图书馆评估

《规程》第三十七条提出："地方各级教育行政部门定期组织开展中小学图书馆藏书质量和管理服务的督导评估，将图书馆建设与管理工作纳入学校和校长考核体系。"但《规程》没有提及怎么督导评估、怎么检查评价，这给图书馆的督导评估留下了操作缺口。因此，借鉴《指南》关于评估的论述，制定我国中小学图书馆的评估办法，建立完善的评估和督导机制迫在眉睫。各地教育行政部门，特别是县级以上教育行政部门，应将图书馆的评估与学校的办学资质和等级认定挂钩，与校长考核挂钩，并以此为基础制定考核办法、评估细则，严格按照评估要求逐条考评。例如，《佛山市学校图书馆建设与应用绩效评价标准（试行）》采用量化评估方法，对图书馆馆舍、设备设施、馆藏资源的现状、使用效能，图书馆管理人员配备与素质、管理应用，以及读者服务绩效等进行了全面评估，这属于整体质量的评估范畴。

当然，还可以围绕图书馆的人员、设施、技术、馆藏、服务以及阅读活动等其中的一个指标或多个指标开展督导评估，或者从活动质量、利益相关方意见、活动内容、活动影响等多个层面，运用多种评估方法进行评估。此外，循证实践的本土化实践与研究也值得国内中小学图书馆进行尝试。探索编制出符合我国中小学图书馆的评估模型及评估清单，能有效推动中小学图书馆评估工作迈上新台阶。

五、结语

本文通过对《指南》与《规程》进行比较分析，归纳总结了两者的异同点以及优劣，并给我国中小学图书馆带来一些启示，以推动我国中小学图书馆事业的发展。该研究为《指南》的本土化研究与实践打下了基础，同时丰富了中小学图书馆的理论研究体系。

参考文献：

［1］廖兰.《国际图书馆协会联合会学校图书馆指南（第二版）》评介［J］.图书馆论坛，2016（5）：117-120.

［2］郑杨，王芳，马家伟.IFLA《学校图书馆指南（第二版）》的探析与思考［J］.四川图书馆学报，2016（4）：99-101.

［3］张靖，林琳，张盈.IFLA国际标准的中国适用性调查——以《学校图书馆指南》为例［J］.图书情报知识，2017（1）：29-39.

［4］郑杨，张兵，庞德盛.《国际图联学校图书馆指南（第2版）》译读与解析［J］.图书馆杂志，2017（9）：96-99.

［5］孙淑宁，刘延平，丘东江.学校图书馆宣言［J］.图书馆论坛，2001（4）：108，110.

［6］国际图联，联合国教科文组织.学校图书馆指南［M］.孙利平，郑步芸，译.北京：北京图书馆出版社，2003.

［7］张文彦.2003与2018年版《中小学图书馆（室）规程》比较研究［J］.国家图书馆学刊，2019（1）：37-45.

［8］吴惠茹.大陆与台湾地区中小学图书馆建设标准比较分析与思考［J］.图书情报工作，2015（20）：54-59.

［9］何兰满，王鸿飞.日本学校图书馆法律体系研究［J］.图书馆建设，2016（3）：85-90，95.

［10］麦彩云.高考新形势下中小学图书馆的机遇与挑战［J］.图书馆工作与研究，2019（1）：106-110.

"十四五"时期中小学图书馆发展的思考①

2020年10月，党的十九届五中全会通过了《中共中央关于制定国民经济和社会发展第十四个五年规划和二〇三五年远景目标的建议》，开启了我国"乘势而上开启全面建设社会主义现代化国家新征程、向第二个百年奋斗目标进军的第一个五年"。至此，制定"十四五"发展规划成为图书馆界同行共同关注的焦点。中小学图书馆是中小学校的文献信息中心、学校教育教学和教育科学研究的重要场所、学校文化建设和课程资源建设的重要载体、促进学生全面发展和推动教师专业成长的重要平台、基础教育现代化的重要体现以及社会主义公共文化服务体系的有机组成部分，"十四五"时期中小学图书馆如何发展值得业界及同行关注和探讨。本文梳理了中小学图书馆的发展环境，从省、市层面探讨了推动"十四五"时期中小学图书馆发展的路径。

一、"十四五"时期中小学图书馆的发展环境

（一）基础教育政策为中小学图书馆的发展提供了良好环境

2019年6月23日颁布的《关于深化教育教学改革全面提高义务教育质量的意见》第二点"坚持'五育'并举，全面发展素质教育"第4条"提升智育水平"提到了"广泛开展多种形式的读书活动"，为中小学图书馆开展读书活动提供了政策依据。2019年6月11日颁布的《关于新时代推进普通高中育人方式改革的指导意见》第二点"构建全面培养体系"第4条"强化综合素质培养"提到了"建设书香校园，提升人文素养和科学素养"。另外，第八点"完善学校课程管理"提到了"加强学校特色课程建设，开展校园阅读、写作、演讲等社团活动"，这给高中图书馆建设书香校园、开展阅读课程及阅读活动指明了方向。在2021年3月1日颁发的《义务教育质量评价指南》中，县域义务教育质量评价指标"A3.教学条件"的"B6.保障教学设施"包含"配齐配足教学实验设施设备、图书、音体美器材、计算机，加强学校教育信息化建设"；学校办学质量评价指标"A4.学校管理"的"B9.完善学校内部治理"包含"加强作业、睡眠、手机、读物、体质等

---

① 该论文由王鸿飞撰写，原载于《中国现代教育装备》2022年第12期。

管理"；学生发展质量评价指标"A3.身心发展"的"B6.学业水平"包含"养成阅读习惯，具备一定阅读量和阅读理解能力"。每个层面的义务教育质量评价指标都有图书馆的相关内容，反映了中小学图书馆在基础教育中的存在价值。

（二）国内外相关建设标准为中小学图书馆的发展提供了政策支撑

在国家层面，2015年5月20日颁布的《关于加强新时期中小学图书馆建设与应用工作的意见》（以下简称《意见》）中提出了中小学图书馆建设的重点任务，进一步推动了中小学图书馆的发展。2018年5月28日，教育部颁布的最新修订的第三版《中小学图书馆（室）规程》（以下简称《规程》）成为我国最新的中小学图书馆建设标准。另外，2019年10月15日，教育部下发《关于开展全国中小学图书馆图书审查清理专项行动的通知》，要求中小学图书馆参照《中小学图书馆图书审查清理标准（试行）》对中小学校图书馆的书刊、电子读物等进行审查清理。

在国际层面，2015年8月10日国际图联发布了《国际图联学校图书馆指南（第二版）》，对我国中小学图书馆的建设与发展有一定的参考借鉴意义。此外，美国学校图书馆员协会（AASL）2018年出版的《学校图书馆国家标准》以及澳大利亚学校图书馆协会（ASLA）等制定的《教师馆员专业卓越标准》等国外标准对我国中小学图书馆的建设也有一定的参考价值。

（三）全民阅读战略与政策法规为中小学图书馆的发展提供了大环境

自2014年起，全民阅读已经上升到国家发展战略层面，连续8次被写入政府工作报告。可见，"十四五"时期"推进全民阅读，建设书香中国"仍然是图书馆的重点任务，这为中小学图书馆开展阅读推广、创建书香校园营造了良好的社会氛围。2018年1月1日起正式实施的《公共图书馆法》中第三十四条提到"开展面向少年儿童的阅读指导和社会教育活动，为学校开展有关课外活动提供支持"，另外第四十八条提到"国家支持公共图书馆加强与学校图书馆、科研机构图书馆以及其他类型图书馆的交流与合作，开展联合服务"，这为中小学图书馆与公共图书馆的合作与交流提供了依据，也为中小学图书馆的发展提供了法律保障。

（四）中小学图书馆事业进入蓬勃向上的发展态势

据不完全统计，自2015年以来，共有338个县在义务教育阶段累计新增图书2.2亿册。生均图书册数是《县域义务教育均衡发展督导评估暂行办法》的重要评估内容，义务教育均衡发展督导评估的施行提高了中小学图书馆的图书数量。上海市《促进本市城乡义务教育一体化的实施意见（暂行）》拉开了上海市中小学图书馆空间再造的序幕，目前中小学图书馆的空间再造理念陆续得到全国中小学图书馆的认可。另外，教育部教育装备研究与发展中心新增设了"图书馆与文科教育装备处"，并且提出了"有书读""读好书""好读书""书好读""读书好""五个读"的要求，体现了教育部对中小学图书馆工作的重视。

二、"十四五"时期中小学图书馆发展的路径

（一）立足远景目标进行中小学图书馆发展的顶层设计

目前，国家、省、市都制订了教育现代化2035年方案，且在"十四五"规划建议中已经明确提出实现"教育强国"的时间表与路线图。为了实现"教育强国"的目标，省、市"十四五"教育规划不仅要坚持党和国家对教育事业的定位与要求，还要聚焦2035年基本实现社会主义现代化的远景目标。作为教育装备里面最重要的领域之一，省、市教育行政部门及教育技术装备机构要围绕"教育强国"国家战略及2035年教育现代化远景目标来制定"十四五"中小学图书发展规划，立足远景目标加强中小学图书馆发展的顶层设计。只有加强自上而下的顶层设计，并通过压实责任主体，确保层层落实，才能够真正促进中小学图书馆事业的发展。各级教育行政部门及教育技术装备机构要履行职责，制定中小学图书馆"十四五"发展规划、三年发展规划或分层分类的发展方案等，从整体与部分等角度推动中小学图书馆事业的全面发展、高质量发展。

（二）进一步推进中小学图书馆空间再造及功能转型

近年来，随着学习方式变革、教育改革发展、信息技术发展以及中小学图书馆建设发展等，中小学图书馆的功能定位不断发生变化，对图书馆阅读环境及阅读空间的改造越来越受到我国重视及关注。《意见》将中小学图书馆界定为学校的"一个高地、三个中心"，即"信息资源高地和师生智慧中心、成长中心、活动中心"。2018年版《规程》将中小学图书馆界定为学校的"一个中心、四个重要、一个组成部分"，并在《规程》第十二条提到"以学校图书馆为中心，充分利用走廊、教室等空间，创新书刊借阅方式，优化借阅管理，创建泛在阅读环境"，推动了中小学图书馆的功能转型及空间再造。在实践层面上，上海市教委从2015年开始启动图书馆空间再造项目，要求上海市中小学图书馆开展学校图书馆的空间再造和功能提升。目前，上海市中小学图书馆的空间再造已经积累了一些成功案例。另外，2020年7月16日，广州市教育局印发了由市教育基建和装备中心联合浙江大学编制的《广州市中小学阅读空间建设指南》。作为全国首个中小学阅读建设指南，该指南从建设目标、理念原则、建设指引、建设路径及方法等方面详细介绍了如何开展中小学阅读空间建设，这对省、市中小学图书馆创新阅读空间的设计理念、提高馆舍建筑、改造阅读环境等具有一定的指导和借鉴价值。目前，在义务教育教学改革、新高考改革等教育改革的驱动之下，中小学图书馆也会逐步调整原先的功能定位、服务内容及服务方式，不断实现功能转型，以适应基础教育的教育教学改革

需要。可以预见，"十四五"时期，围绕中小学阅读空间建设与中小学图书馆空间再造的研究及实践探索将持续很长一段时间。

（三）加强推荐书目编制与图书审查清理，不断优化中小学图书馆馆藏资源

《意见》重点任务"（五）规范馆藏采购机制"提出"将《全国中小学图书馆（室）推荐书目》作为图书馆馆藏采购的参考依据"。2018年版《规程》第三章第十二条也提出将"教育部指导编制的《全国中小学图书馆（室）推荐书目》作为中小学图书馆馆藏建设的参考依据，合理配置纸质书刊"。但是，在实践过程中，该推荐书目仍然存在一些问题，如缺乏有效的评价机制、条目过多过杂不利于图书馆参照、书目权威性不足、书目针对性不强等。如果要实现该推荐书目的实效性，还有很多需要加强及改进，如：控制书目数量、书目价格；重视书目的评审环节，聆听多方不同意见；关注细节，提高书目易用性；加强宣传推广，提升书目含金量，从而提高书目权威性。只有加强国家及省、市推荐书目的编制，才能够提升该推荐书目的针对性及实效性，真正提升中小学图书馆馆藏资源的质量。2020年4月，教育部基础教育课程教材发展中心组织研制并发布的《教育部基础教育课程教材发展中心中小学生阅读指导目录（2020年版）》就是一次有效的尝试，值得省、市大力宣传。

此外，提升图书质量是中小学图书馆"十四五"时期的重点任务之一。目前来看，"十四五"时期提升中小学图书馆的图书质量可以从审查清理与控制入口两个方面着手。首先，《中小学图书馆图书审查清理标准（试行）》给出了一些需要进行图书审查清理的条件，比如非法、不适宜、外观差、无保存价值等。接下来，该项工作仍然需要加大落实力度，做好宣传及动员，确保所有中小学图书馆（室）能够意识到图书审查清理的初衷，积极参与到这项工作中。其次，2021年3月31日，教育部印发的《中小学生课外读物进校园管理办法》，对进入校园供中小学生阅读的正式出版物（含数字出版产品）提出了要求，这对规范课外读物起到了积极的作用，且对中小学图书馆的馆藏资源建设、图书采购同样适用。

（四）依托新信息技术，推动图书馆建设升级与管理模式创新

2018年版《规程》第二十一条提到"图书馆应当纳入学校信息化建设整体规划，实行信息化、网络化管理"。中小学图书馆要结合教育现代化建设，特别是中小学"智慧校园建设""智慧教室建设"，结合并运用云计算、大数据、人工智能等现代技术推动图书馆的升级改造，建设智慧（智能）型图书馆。目前来说，24小时自助图书馆等已经开始在中小学中应用，中小学图书馆已经开始重视新信息技术对图书馆发展的影响。从整体上来讲，中小学图书馆的智能化、智慧化发展正处在起步阶段，只有一部分优秀的中小学图书馆打造了24小时自助阅读空间或实现了全馆智能化管理。未来，随着图书馆理念的更新及投入经费的增加，中小学图书馆的新馆建设或空间再造将会更多地借助信息技术，不断升级图书馆阅读空间、改进服务手段、提升服务水平。此外，国际图联《学校图书馆指南（第二版）》第4章"学校图书馆的实体和数字资源"提到，"借由技术，可以在校内外、全天候地提供学校图书馆信息资源的数字获取服务。电子书、在线数据库等数字资源日益成为图书馆资源的重要组成部分"，可见，借助信息技术及数字图书馆等，可以将图书馆资源及服务延伸到教室及教室以外的地方。不断促进现代技术与教育教学深度融合，使其服务于学习方式和教学模式创新，仍然是中小学图书馆"十四五"时期关注的焦点。

（五）加强馆际合作与交流，不断创新阅读推广活动模式

一直以来，国内中小学图书馆积极探索服务项目及阅读推广活动，出现了一些不错的实践案例。以广东省为例，广铁一中外国语学校图书馆的学科阅读，广州大学附属中学图书馆的阅读马拉松、品质阅读，珠海市第三中学图书馆的"班级微图书馆"、真人图书分享会，北师大（珠海）附中图书馆的方舟读书会等，都是不错的探索成果。当然，中小学图书馆仍需要加强区域馆际合作与交流，策划组织更多的阅读推广活动。一是要加强中小学图书馆之间的合作与交流，充分发挥中小学图书馆各级主管部门或者行业协会在馆际交流中的推动作用，策划省、市、区域性的书香校园活动或阅读推广活动。比如，省、市教育主管部门组织策划丰富多彩的书香校园系列活动。省、市成立中小学图书馆专业协会，围绕图书馆业务工作及阅读推广开展学术交流、专业培训、阅读推广活动交流等，并组织开展一些操作性强的阅读推广活动。二是加强中小学图书馆与公共图书馆等各类型图书馆的合作，通过不断探索合作模式推动中小学图书馆阅读推广活动模式的创新。例如：深圳"常青藤"项目、宁波大学园区图书馆的"图书馆+学校"模式。

三、结语

本文分析了中小学图书馆的发展环境，探讨了"十四五"时期中小学图书馆的发展路径，希望为中小学图书馆事业提供一些借鉴与参考。当然，实现中小学图书馆的"基础教育价值"和"图书馆职业价值"仍任重而道远。

参考文献：

[1] 朱明，廖熙铸，彭婧. 新版美国《学校图书馆国家标准》解读及其启示 [J]. 图书馆学研究，2020（7）：86–92.

[2] 刘翠青. 澳大利亚中小学图书馆标准演进及启示 [J]. 图书情报工作，2018

（24）：134-141.

［3］曹志祥.新时代中小学图书工作的几点思考 ——在湖北省中小学图书馆工作专项培训班上的讲话［J］.中小学实验与装备，2020（6）：4-6.

［4］吴玥.基于空间再造理论的中小学图书馆空间再造的实践与探索 ——以上海市中小学图书馆为例［J］.图书馆理论与实践，2020（3）：118-122.

［5］陈涛.《全国中小学图书馆（室）推荐书目》评价研究［J］.图书馆建设，2020（4）：131-138.

［6］王鸿飞.《中小学图书馆（室）规程》十五年后的新使命及愿景［J］.图书馆杂志，2020（2）：74-79，86.

［7］杨玉麟，郭武，熊伟霖.论中小学图书馆的"基础教育价值"和"图书馆职业价值"［J］.图书馆论坛，2020（12）：102-106.

珠海市中小学图书馆建设发展的思考①

十八大以来，以习近平同志为核心的党中央高度重视全民阅读。2022年4月23日，习近平总书记在致首届全民阅读大会举办的贺信中提出："希望孩子们养成阅读习惯，快乐阅读，健康成长；希望全社会都参与到阅读中来，形成爱读书、读好书、善读书的浓厚氛围。"2021年3月，《中华人民共和国国民经济和社会发展第十四个五年规划和2035年远景目标纲要》明确提出"深入推进全民阅读，建设'书香中国'"。中小学生阅读工作是全民阅读不可或缺的重要组成部分，建设"书香校园"是建设"书香中国""书香社会"的基本单元之一。为了推动中小学图书馆事业的发展，继1991年第一版的《中小学图书馆（室）规程》及2003年第二版的《中小学图书馆（室）规程（修订）》之后，2018年5月28日教育部颁布了再次修订实施的第三版《中小学图书馆（室）规程》（以下简称"2018版《规程》"）。该规程在体制与机构、馆藏资源建设与管理、应用与服务、条件与保障等方面明确了具体要求，为新时代中小学图书馆（室）工作指明了方向。2015年5月20日，教育部、文化部（现为文化和旅游部）、国家新闻出版广电总局（现为国家广播电视总局）联合颁布了《关于加强新时期中小学图书馆建设与应用工作的意见》，要求从推进基础条件建设、确保馆藏资源质量、规范馆藏采购机制、不断提高信息化水平、充分发挥育人作用、带动书香社会建设等方面将中小学图书馆建设与应用工作提高到新水平。进入21世纪以来，《关于进一步加强中小学图书馆（室）建设工作的意见》（粤教基〔2002〕113号）、《关于印发〈广东省中小学图书馆（室）建设标准〉的通知》（粤教装备〔2004〕3号）、《广东省佛山市中小学图书馆（室）建设标准》《佛山市教育装备建设指南（试行）（图书馆装备）》《广州市中小学阅读空间建设指南》等文件及标准指南先后出台，广东省中小学图书馆事业开始进入蓬勃向上的发展态势。珠海市中小学图书馆紧跟时代发展，在探索中不断前进，有成绩也有不足之处。

---

① 该论文由王鸿飞撰写，发表于《中国现代教育装备》。

一、文献调研与问卷调查

（一）文献调研

珠海市教育学会图书管理专业委员会于2006年4月12日举行成立大会，张利介绍了珠海市教育学会图书管理专业委员会成立的意义、作用、任务，并对中学图书馆的建设与管理进行了思考。在队伍建设方面，王鸿飞调查了珠海市中学图书馆人员素质现状，分析了中学图书馆员教育培训的现状和原因，并提出了珠海市中学图书馆员教育培训的对策。在自动化建设方面，王鸿飞调查了珠海市中学图书馆自动化建设的现状，分析了阻碍珠海市中学图书馆自动化建设的主要原因，并提出推进中学图书馆自动化建设的对策和建议；洪利标从图书馆自动化遭遇瓶颈、存在问题分析和探讨、自动化普及工作初显成效等方面介绍了珠海市中小学图书馆普及自动化的探索及实践。在资源建设方面，洪利标探讨了示范性高中评估中藏书量指标的问题，并对图书招标采购存在的主要问题以及图书招标采购的质量控制策略等进行了研究。在阅读服务方面，麦彩云对重点中学学生利用图书馆与课外阅读情况进行了调查分析，王鸿飞对中小学图书馆开展阅读指导与阅读疗法的现状进行了调查，总结梳理了珠海市中学图书馆读书活动的案例以及珠海三中班级微图书馆建设的实践。在馆际合作方面，王鸿飞分析了珠海特区中小学图书馆与其他类型图书馆合作的必要性，并提出了合作的途径与方式。可见，珠海市中小学图书馆人立足于珠海市中小学图书馆的建设实践，围绕中小学图书馆的建设发展开展了相关的思考及研究。

（二）问卷调查

近年来，珠海市中小学图书馆研究团队在课题研究过程中，针对珠海市中小学图书馆建设现状及阅读服务等展开了一系列的问卷调查，并撰写了调查报告。例如："新课程环境下珠海市中学图书馆创新服务研究"课题组制定《珠海中学图书馆（室）调查表》，对珠海市中学图书馆现状进行了调查；"新课改下中小学图书馆规范化建设与发展研究"课题组制定《中小学图书馆（室）发展现状调查表》，对珠海市中小学图书馆（室）现状进行了调查；珠海市王鸿飞名师工作室专项课题"学校图书馆馆藏资源建设的研究与实践"课题组制定了《珠海市中小学图书馆（室）馆藏资源建设情况调查问卷》，对珠海市中小学图书馆（室）馆藏资源建设情况进行了调查。他们通过这一系列的问卷调查，初步掌握了珠海市中小学图书馆的现状及不足之处。

二、珠海市中小学图书馆建设的现状

（一）关于馆舍面积

珠海市中小学图书馆馆舍面积的差距较大，高中图书馆的馆舍面积普遍较大，初中、小学图书馆（室）的馆舍面积较小。高中图书馆、初中图书馆、小学图书馆这些同类型学校图书馆之间面积的差距也不小。5所示范性高中图书馆的总面积达到15690平方米，平均面积达到3138平方米。一些新建高中学校也有独立的图书馆楼，面积基本在3000平方米左右。但是，还有部分高中图书馆的面积只有500平方米左右。初级中学图书馆面积最大的有600平方米，面积最小的只有54平方米。小学图书馆面积最大的有357.99平方米，面积最小的只有50平方米。

（二）关于馆员队伍

据2008年调查，珠海市中学图书馆人员素质现状不容乐观，主要体现在：馆均编制低，在编专职图书馆员数量少；高学历人才相对缺乏，专业结构不尽合理，整体素质不高；队伍相对老化，新生力量比例小；职称问题较为突出等。10多年来，珠海市中小学图书馆人员素质现状没有得到明显改善，馆均在编专职图书馆员比例仍较低，高学历人才有所增加，但数量仍然相对缺乏。据了解，自2009年以来，珠海市全市中小学校（职校）一共招聘了4名图书馆学专业应届毕业生（含1名本科、3名研究生）。自2009年以来，4位馆员先后晋升副研究馆员职称，但随着时间推移，原来30岁以下的6名新生力量逐渐成长为骨干力量，其他馆员年纪逐渐增大，多位专业馆员先后退休（其中含2名副研究馆员）。可见，10多年过去，珠海市中小学图书馆"队伍相对老化，新生力量比例小"的现状并没有得到改善。此外，调查显示，49.12%的图书馆管理员要负责学校教材的管理，47.37%的图书馆管理员需要抽调到其他部门帮忙，只有12.28%的图书馆管理员没有被抽调到其他部门帮忙，可以专心做好图书馆管理及服务。可见，近一半的图书馆管理员充当了教材管理员的角色，近一半的图书馆管理员需要兼职学校其他部门的工作。

（三）关于藏书量

珠海市中小学图书馆的馆藏资源以纸质图书和纸质期刊为主，部分学校图书馆购买了电子图书、数据库等电子资源。以纸质图书为例，2008年调查显示，调查的34所中学图书馆共有馆藏图书1288502册，生均19.23册。2021年调查显示，调查的28所中学图书馆共有馆藏图书1963995册，生均33.59册；调查的14所小学图书馆共有馆藏图书472262册，生均17.2册。可见，10多年来，珠海市中小学图书馆馆藏图书及生均藏书量均有大幅度增长，但与2018年版《规程》要求的高中图书馆人均藏书量45册、初中图书馆人均藏书量35册、小学图书馆人均藏书量25册的标准还是有一定的差距。其次，各图书馆间藏书量的差距也不小。调查显示，高中藏书最多的图书馆藏书量为10万册，藏书较少的图书馆藏书量只有4.6万册；初中藏书最多的图书馆藏书量为7万册，藏书较少的图书馆藏书量只有3.9万册；小学藏书最多的图书馆藏书量为5.5万册，藏书较少的图书馆藏书量不足1万册。

此外，调查显示，2016年至2019年间，珠海市各中小学校图书馆购书经费较少，每年的购书经费几乎都没有保障，只有极个别学校图书馆可以达到年生均购买图书1册以上。调查显示，2016年，有10个学校图书馆有购书经费，经费最多的学校图书馆有购书经费8万元；2017年，有9个学校图书馆有购书经费，经费最多的学校图书馆购书经费为10万元；2018年，有17个学校图书馆有购书经费，经费最多的学校图书馆有购书经费26万元；2019年有11个学校图书馆有购书经费，经费最多的学校图书馆有购书经费26万元。

（四）关于图书馆技术应用

由于经费紧张及技术力量薄弱、领导不重视图书馆的自动化建设、图书馆馆员的观念落后、自动化建设缺乏统一的规划与指导、专业技术人员缺乏等原因，珠海市中小学图书馆技术应用方面比较薄弱，图书馆自动化起步较晚。2009年的调查显示，被调查的中学图书馆只有58.33%实现了计算机管理，而且图书馆的管理系统相对落后。在珠海市教育主管部门、珠海市教育学会图书管理专业委员会及珠海市第一中学图书馆等图书馆的宣传及推动下，市直属学校已全部实现自动化管理。此外，金湾区、斗门区通过集团购买的方式实现了全区中小学图书馆的自动化管理，完成了手工管理到自动化管理的飞跃。自2015年以来，受智慧校园、智慧图书馆等理念的影响，珠海市一些中小学图书馆开始引进RFID技术，购买自助借还终端、图书检索终端、馆员工作站、RFID安全门、电子阅读终端等智慧图书馆建设相关装备，实现了图书馆的智能化、智慧化，比如香洲区实验学校图书馆、珠海市第三中学图书馆、斗门二中图书馆、唐国安纪念学校图书馆、金鼎中学图书馆、珠海市第一中学图书馆、珠海市第二中学图书馆等。

（五）关于图书馆阅读服务

一直以来，珠海市中小学图书馆在确保开放时间，做好阅览、外借、宣传推荐服务等工作的同时，紧跟时代的发展，不断创新图书馆服务，组织开展形式多样的阅读活动，并且在空间改造、阅读推广、志愿服务等方面进行了实践及探索，积累了一些好的经验及案例。

1. 空间改造方面

近年来，珠海市部分中小学图书馆参考公共图书馆、高校图书馆、研究型图书馆的实践经验，在新建图书馆或图书馆改建过程中，引入空间再造理念，进行图书馆空间改造的实践，建设了更加优越的阅读空间。例如，珠海市第一中学图书馆、珠海市北京师范大学（珠海）附属高级中学图书馆、珠海市第二中学图书馆等图书馆在原有基础上，进行了图书馆空间的改造，让图书馆阅读空间更加漂亮。另外，还有一些新建的图书馆直接引进了空间再造理念，比如唐国安纪念学校的"心花书苑图书馆"、金凤小学的"向海书屋"、礼和小学图书馆、金鼎中学图书馆等。以唐国安纪念学校的"心花书苑图书馆"为例，该图书馆就是一个设计精美的阅读空间，建造了心花书、心花树、"Shu"悦台、同心屋、想吧等板块，一步一景都在述说着国安师生"心"的故事，是一个充满温度、成就智慧的生命空间。

2. 阅读推广方面

据调查，珠海市中小学图书馆中，56.14%的图书馆曾开展阅读推广活动，40.35%的图书馆曾举办过图书馆文化节（或图书馆文化周、读书节、读书周）读书活动，但总体来看效果并不理想。另外，近5年来开展最多的活动类型的调查显示，公共意识培养类活动占比38.6%，语言交流类活动占比35.09%，文体活动类活动占比29.82%，科普教育类活动占比26.32%，传统文化类活动占比24.56%，有些图书馆还举办了艺术表演类活动、手工制作类活动、亲子教育类活动以及健全心智类活动，活动类型较多，品牌活动较少。近年来，珠海市中小学图书馆坚持开展阅读指导及阅读推广活动，做好新书通报、好书推荐、阅读排行榜等宣传推广，并积极组织各种读书活动，创建书香校园。例如珠海市第一中学图书馆、珠海市第二中学图书馆、珠海市第三中学图书馆等高中图书馆利用"4·23"世界读书日的契机，坚持举办图书馆文化节或文化周，开展图书展览、图书漂流、读书征文、知识猜谜、"您选书 我买单"、主题展览、阅读之星评选、晒书单、"寻找我的高中图书借阅史"等系列读书活动。珠海市北京师范大学（珠海）附属高级中学创办了"方舟读书会"，原则上每两周举办一次读书会，由语文科组的杨俭虹老师主讲，图书馆负责宣传及报道等工作，目前已经举办了40期。此外，珠海市第三中学图书馆曾策划开展了多期"珠海三中真人图书分享会"，引起了较大的反响。

3. 创新服务方面

珠海市中小学图书馆积极探索服务创新，在新生入馆培训、班级图书角建设、阅读疗法推广、整本书阅读等方面进行了实践。珠海市第三中学图书馆于2012年提出了班级"微图书馆"概念及计划，在班级整体推进班级"微图书馆"建设，积累了一定的经验，比如：从图书来源、管理与评价、经费保障及建设成效等方面对班级"微图书馆"建设经验进行了总结。另外，自2011年以来，依托课题研究，珠海市第三中学图书馆、珠海市第一中学图书馆等开展了阅读指导及阅读疗法理论的梳理、理念的宣传、馆藏书目的建设及推广活动，对在阅读指导及阅读推广基础上开展阅读疗法服务进行了有益的实践探索。此外，近年来，珠海市中小学图书馆探索建立学生管理员队伍、读书社团、学生义工等，为学生搭建图书馆志愿服务平台，并通过开展志愿者表彰、登记志愿服务时长等进行相应的激励，使志愿服务逐渐常规化、制度化。

（六）关于馆际交流与合作

珠海市中小学图书馆与高校图书馆、公共图书馆等其他类型图书馆的合作一直处于尝试与摸索阶段。根据以往实践经验，公共图书馆、高校图书馆可以在培训与继续教育、阅读活动、主题展览、技术支持、课题研究等方面与中小学图书馆进行一定程度上的交流与合作。例如，珠海市图书馆曾多次面向中小学图书馆员开展相关培训、珠海市第三中学等中小学校曾多次跟珠海市图书馆合作开展世界读书日读书活动。当然，珠海市中小学图书馆在与公共图书馆融合发展方面还有很大的发展空间。

三、珠海市中小学图书馆未来发展策略

（一）加大重视力度，做好中长期发展规划

近年来，国家层面有《中小学图书馆（室）规程》《关于加强新时期中小学图书馆建设与应用工作的意见》等中小学图书馆建设的指导文件，省、市层面有《广州市中小学阅读空间建设指南》《佛山市教育装备建设指南（试行）（图书馆装备）》等中小学图书馆建设指南，这些指标性文件及建设指南对中小学图书馆发展具有非常重要的作用。目前，对珠海市中小学图书馆事业的重视力度仍有待加大，立足珠海市中小学图书馆实际的中长期发展规划几乎没有。珠海市中小学图书馆的进一步发展需要珠海市教育局、珠海市教育研究院等教育主管部门统筹谋划，出台珠海市中小学图书馆建设发展的中长期规划及相关建设指南，例如《珠海市中小学图书馆建设发展三年规划》《珠海市中小学图书馆阅读空间建设与管理指南》等规划或指南。另外，在制定珠海教育发展五年规划或者长期规划时要增加中小学图书馆建设相关指标，并有针对性地配套相关文件使各级教育行政部门和学校的图书馆建设、配备、管理、应用、培训等所需经费得到保障，同时加强对学校书香校园建设情况及学生阅读成效的督导评估。

（二）引入空间改造理念，整体推进阅读空间建设

图书馆五定律第五条提到，图书馆是生长着的有机体。中小学图书馆要融入我国图书馆事业的大局，就需要根据新时代图书馆发展的需要，不断更新建设服务理念。目前来看，珠海市中小学图书馆引入空间改造理念已迫在眉睫。早在2015年，《关于加强新时期中小学图书馆建设与应用工作的意见》就提出要推进基础条件建设。2018年版《规程》对中小学图书馆阅读空间建设提出了进一步的要求。纵观近15年来珠海市中小学图书馆的发展历程，可以发现珠海市中小学图书馆缺乏先进的建设理念，缺乏整体谋划、统一推进阅读空间建设的举措，缺乏对图书馆建设与管理工作的督导评价，也缺乏对有特色、有内涵的最美阅读空间的评选宣传。当然，珠海市中小学图书馆的阅读空间建设也形成了一些"样板间"，小学、初中、高中都有较好的典型案例。例如，唐国安纪念

学校心花书苑图书馆、礼和小学图书馆、金鼎中学图书馆、珠海市第一中学图书馆、北京师范大学（珠海）附属高级中学图书馆等一些学校图书馆引进空间改造理念，使阅读空间建设不断升级，为师生打造出了一个充满特色的阅读圣地，同时也为提升学校文化品位、全面落实立德树人根本任务打下了良好基础。未来，对确保珠海市中小学图书馆的馆舍面积、打造一流的基础设施、建设最美阅读空间，各级领导要更加重视，理念要更加先进，经费投入要更有保障。

（三）注重图书馆技术升级，提升信息化水平

2018年版《规程》第十三条提出："地方教育行政部门要统筹推进区域数字图书馆和文献信息资源中心建设，促进优质数字资源共建共享。"另外，第二十一条指出，"图书馆应当纳入学校信息化建设整体规划，实行信息化、网络化管理"。近年来，在珠海市教育行政部门的推动下，中小学图书馆自动化、信息化管理水平得到较大程度提升。特别是斗门区、金湾区教育行政部门通过集团购买图书管理系统供全区中小学图书馆使用的方式整体推进了中小学图书馆的自动化建设。目前，珠海市一些中小学图书馆结合智慧校园建设，引进RFID技术，进一步提高了图书馆的信息化、智慧化管理，但珠海市中小学图书馆的技术应用还有很大的提升空间。随着信息技术的发展，中小学图书馆要紧跟时代步伐，在新建学校图书馆或改扩建图书馆的同时，要充分考虑图书馆信息技术的应用，在图书馆管理、读者阅读服务、数字资源建设及利用等各个环节引入信息化设备，从而不断提升珠海市中小学图书馆的信息化、现代化、智慧化。以广州为例，《广州市中小学阅读空间建设指南》对图书馆技术升级、信息化建设提出了很多指导意见及参考指标。

（四）建立一支专业化、高素质、有战斗力的图书馆员队伍

2018年，珠海市129所中小学图书馆（室）人员配置情况调查显示，珠海图书馆有专职图书馆员67人，兼职图书馆员97人，从事图书馆员的工作人员共164人。其中，只有12人是图书馆学情报学专业毕业，占比7.3%。专兼职图书馆员中，不少人是老弱病残孕人员，这样的一支专业化差、战斗力低下的中小学图书馆员队伍，连图书馆常规工作都难以开展，更不用说创新图书馆服务了。国际图联《学校图书馆指南（第二版）》提到，学校图书馆的成功依赖于三个必要条件，其中第一个条件就是要有具备专业资格的图书馆员。因此，珠海市中小学图书馆事业要办得好，首先要解决编制问题，确保专业馆员的数量和质量。建立一支专业化、高素质、有战斗力的图书馆员队伍，要严格落实《规程》，创造条件增加图书馆员编制，完善进编馆员准入制度，提高中小学图书馆员的准入门槛。其次，要加强图书馆员的教育培训，出台中小学图书馆员专业成长的激励措施，让他们在专业培训、学术交流、课题研究、发表论文、调资晋级、评先评优等方面，与学科教师享受同等待遇，给予他们足够的重视及支持。目前，全国中小学含高中、中职共计约24.53万所学校，按每所中小学图书馆有1名从业人员计算，中小学图书馆专（兼）职从业人员至少要达到24万人，但是全国各省都没有专列中小学图书资料系列。中小学图书馆员面临着搞科研难、发表论文难、评职称难等一系列问题，例如如何激励广大图书馆员积极向上，勇当阅读推广的排头兵。

（五）丰富馆藏资源，不断创新阅读服务

2018年版《规程》附表"中小学图书馆（室）藏书量"对中小学图书馆的人均藏书量做了规定：中学图书馆人均藏书量40册，高级中学图书馆人均藏书量45册，初级中学图书馆人均藏书量35册，小学图书馆人均藏书量25册。另外，《规程》第十条还要求"图书馆每年生均新增（更新）纸质图书应当不少于一本"。目前，由于种种原因，珠海市各中小学校图书馆离《规程》要求的人均藏书量还有很大距离，且落实"每年生均新增图书1册以上"要求的情况也不甚理想。馆藏资源是图书馆做好阅读服务的前提基础，要根据学校教育教学需要、师生阅读需求增加图书馆购书经费，不断丰富图书馆的馆藏资源，并构建相对合理的馆藏资源体系。另外，要严格落实《中小学生课外读物进校园管理办法》，确保馆藏资源的质量。2021年"双减"政策的出台，给义务教育阶段的中小学图书馆带来了新的机遇和挑战。珠海市中小学图书馆要紧扣"双减"政策、"五项管理"政策等教育政策和图书馆行业发展新动态、新技术、新热点，不断推进中小学图书馆的服务创新，并积极探索"双减"背景下中小学图书馆的阅读服务、嵌入教学的学科阅读服务、基于新媒体的阅读推广、整本书阅读服务、中小学图书馆阅读疗愈的实践、基于阅读空间理念的书香校园建设等问题。

（六）挖掘馆际合作与交流的潜力，助力书香校园建设

近年来，先后出台的《公共文化服务保障法》《公共图书馆法》《中小学图书馆（室）规程》等政策中都有对中小学图书馆加强馆际合作与交流的依据与支撑，馆际合作是中小学图书馆的大势所趋，且中小学图书馆的馆际合作将在多方力量的推动下呈现规模化、标准化趋势，并将形成具有长效运作机制的合作模式。目前，珠海市有近10所高校图书馆，还有珠海市图书馆以及香洲区图书馆、金湾区图书馆、斗门区图书馆等区级图书馆、社区图书馆等。政府主导推动中小学图书馆与高校图书馆、公共图书馆、社区图书馆的馆际合作，探索一种适合珠海实际的合作模式，深入挖掘馆际合作与交流的潜力，在资源建设、技术支持、教育培训、阅读推广等各个方面加强合作和交流，将有助于推动珠海市中小学图书馆的全面进步，从而助力书香校园的建设，为全民阅读贡献力量。

四、结语

中小学图书馆是学校落实阅读育人和"双减"工作的重要资源，然而，中小学图书馆一直面临"理想很丰满，现实很骨感"的尴尬局面，珠海市中小学图书馆也不例外。珠海市中小学图书馆要建设一流的基础设施，提供更为优质的阅读服务，必须明确各级主管部门的职责，需要更加清晰的可持续发展规划，需要更多的政策支撑、经费保障以及专业人才。

参考文献：

[1] 李淼，苏丹丹.谱写书香中国建设新篇章［J］.中国出版，2022（9）：10-12.

[2] 谭荣波，覃凤兰.广东省中小学图书馆（室）建设现状调查分析［J］.图书馆学研究，2017（11）：27-36.

[3] 张利.珠海市教育学会"图书管理专业委员会"成立大会后的散思［J］.中小学图书情报世界，2007（8）：40-41.

[4] 王鸿飞.珠海市中学图书馆人员素质现状与教育培训［J］.图书馆论坛，2009（5）：65-67，55.

[5] 王鸿飞.中学图书馆自动化建设刍议［J］.山东图书馆学刊，2010（4）：58-60.

[6] 洪利标.珠海市中小学图书馆普及自动化的探索与实践［J］.教学仪器与实验，2014（5）：33-36.

[7] 洪利标.示范性高中评估中藏书量指标的商榷［J］.中小学图书情报世界，2007（12）：4-5.

[8] 洪利标.论中小学图书招标采购质量控制［J］.图书馆界，2008（2）：40-43.

[9] 麦彩云.重点中学学生利用图书馆与课外阅读情况调查分析［J］.中小学图书情报世界，2009（5）：12-14，60.

[10] 王鸿飞.中小学图书馆开展阅读指导与阅读疗法的现状调查［J］.兰台内外，2019（8）：40-41.

[11] 王鸿飞.以读书活动为载体，创新图书馆服务［J］.图书馆界，2010（2）：69-71.

[12] 王鸿飞.面向中学生的"微图书馆"建设探究［J］.图书馆建设，2015（12）：83-86，92.

[13] 王鸿飞.刍议珠海特区中小学图书馆与其他类型图书馆之合作［J］.公共图书馆，2014（2）：37-40.

［14］张智渊.论市域内建立统一的中小学图书馆信息化平台的必要性——以山西省太原市为例［J］.吕梁学院学报，2019（6）：83-85.

［15］麦彩云.高考新形势下中小学图书馆的机遇与挑战［J］.图书馆工作与研究，2019（1）：106-110.

［16］杨昆.上海中小学图书馆发展的思考［J］.图书馆建设，2019（1）：180-183.

［17］王鸿飞.《中小学图书馆（室）规程》十五年后的新使命及愿景［J］.图书馆杂志，2020（2）：74-79，86.

广东省中小学图书馆员专业发展
现状及对策研究①

随着我国中小学教育装备现代化的推进，中小学图书馆的馆舍空间、图书藏册量、阅读软硬件系统均得到了较大的改善，图书馆整体发展速度加快。然而，在专业馆员队伍的建设上，中小学图书馆还远远落在后面。目前，图书馆管理员被纳入中小学行政教辅类人员中，在学校长期属于边缘性人员，缺乏合理的评价和激励措施，其专业发展和职业素养被弱化和轻视。总体而言，图书馆的馆舍资源等硬件发展起来了，但是馆员这一核心的"软件"却没有跟上。

一、馆员资源

空间资源、文献资源与人力资源（即专业馆员）是图书馆提供专业服务，实现图书馆规范化、现代化、科学化的重要资源保障。推动图书馆转型变革的根本在于馆员队伍能力的建设和服务模式的创新。

（一）馆员的重要性

专业馆员队伍是图书馆开展专业服务的核心，合理的组织机构、充足的人员配备和规范的管理体制是保障图书馆专业服务正常运作的重要条件。国际图联在《学校图书馆指南（第二版）》中指出，学校图书馆最关键的资源是符合资质的专业图书馆员。与馆舍、空间、文献等资源相比，馆员的专业素养在为读者服务的过程中发挥着更加重要的作用。美国学校图书馆员协会（AASL）将图书馆员定义为"教学伙伴、信息专家、课程领导者、教师和项目管理者"，这样的定位赋予了图书馆员更多的内涵和使命，强调他们通过研究决策创造知识、指导读者进行知识实践等功能。

在扩充图书馆的核心价值，建立一个包容、平等、普惠、多样的阅读空间过程中，馆员的态度和能力起着决定性的作用。中小学图书馆员不仅承担着为书找人、为人找书的职责，同时还肩负着推广阅读、创建书香校园的使命。在教育部门大力推进教、科、

---

① 该论文由林宇航、麦彩云撰写。

研一体化进程的过程中，中小学图书馆员还是串联起教师课堂和科研课题的重要纽带，在学校教育教学和师生成长过程中充当着重要的辅助角色。

（二）中小学图书馆员的专业发展

美国图书馆协会（ALA）将图书馆员的职业能力归纳为四大类，分别是学历、经验、知识与技能、能力。从专业服务的视角来看，图书馆员的能力则包括信息检索素质、开展阅读推广能力、馆藏资源建设等能力素养。

我国教育部新颁布的《中小学图书馆（室）规程》提出从专业技术性、队伍稳定性、整体学历水平、待遇、继续教育培训等方面来保障中小学图书馆员队伍的建设水平。美国《学校图书馆员培养标准（2019年版）》重点关注图书馆员专业学习和终身发展。日本则通过修订《公立图书馆设置及运营方面的期望标准》和《图书馆员的理论纲领》为馆员的研修和培训、参加学术会议、参与图书馆运营等权益提供了充分保障，确保图书馆员有足够的专业发展空间。由此可见，无论是国家还是国际层面，相关教育部门和图书馆协会都将图书馆员专业发展视为一项重要的工程。

专业发展对使图书馆员增强职业认同感、维持工作热情、保障业务创新有着至关重要的作用，专业晋升是对图书馆员价值的充分肯定，同时也是队伍建设的重要保障，是为图书馆服务提质增效的有效砝码。开发职业生涯是提高图书馆员工作创造性与人力资源效率的有效途径，能够增强职业吸引力，提升职业认同、职业幸福感与归属感。与此同时，馆员必须在履行现有岗位职责的同时，通过在职学习和进修，提高自己的知识水平和业务技能，才能逐步成长为高层次的专家和学术带头人。

然而，相比于高校图书馆与公共图书馆，中小学图书馆员的专业发展常受到漠视。中小学图书馆员的专业发展受到冷落与馆员自身的专业素质基础薄弱、专业不自信、知识储备不足有关，同时也与该队伍不稳定、图书馆本身边缘化等因素有关系。廖兰指出，当下尚有许多图书馆从业人员没有接受过图书情报的专业训练，图书馆员的个人素质、业务水平、服务意识亟待提高。特别是中小学图书馆员多由教师兼任，更需要提高其业务技能和职业道德。钟伟认为，我国中小学图书馆由于没有形成严格的行业准入制度，在很大程度上导致了相关人员素质参差不齐、队伍不稳定、专业能力欠缺等软肋。目前，中小学图书馆员还存在着较为普遍的职业倦怠现象，使得其对自身职业规划不清晰，职业晋升积极性不高。当下，对于中小学馆员来讲，无论是学历和专业知识结构、阅读活动开展能力，还是专业认同感与职业期望，都亟待加强。

本文以广东省中小学图书馆为例，通过线上与实地调研、现场访谈等方法，探究当下广东省中小学图书馆员发展现状，力求清晰地认识广东省中小学校在图书馆员专业发展方面存在的问题，寻求思考和启示，为推进中小学图书馆的高质量发展有一定的参考价值。

二、广东省中小学图书馆员专业发展现状

研究发现，广东省中小学图书馆员中的研究生人数正在逐步上升，该群体多为近年新聘人员，其中不乏国内某些传统的图情档案专业名校的应届毕业生。这说明图书馆专业人才逐渐愿意下沉到基础教育前线，馆员队伍的学历水平在逐渐提升。此外，随着通信和交通工具的日益发达，某些中小学图书馆开始改变以往闭门造车的模式，尝试走出去，与同行的交流联系逐渐加强，使馆员的业务和理论水平得到了提升。

以上迹象反映了中小学图书馆员的专业性在逐步提高。然而，即便如此，中小学图书馆员的专业发展仍面临着不少困难，职业晋升不畅，整体水平较低。本次调查范围覆盖了广东省内10个城市的小学、中学和中等职业学校，共计59所学校。本研究分别从专职馆员数量、受教育程度、职称评选、在职培训状况等方面展开分析。

（一）专职馆员数量不足

被调查的59所中小学共有118名专职图书馆员。虽然馆均配备专职馆员数量达到了2名，但是仍然存在个别图书馆专职人员挂零的情况。专职馆员人数在1名或没有配备的图书馆有31个，占据了调查对象的大部分，而这1名图书馆员要负责书刊的整理和流通、教材与教辅的订购和分发、图书采编、报刊订购等诸多工作。在选择开展阅读活动遇到的主要困难时，38所中小学图书馆员选择了"人手不足"这一项，占比达到了64%，仅次于"活动资源有限"，可见专职馆员的不足在一定程度上限制了图书馆的发展。

59所被调研学校平均在校生人数达到4517.1人。假设以每1000名在校学生配置1名专职馆员作为标准，目前只有20间图书馆达标，占比不足34%，而受访对象中有5所学校甚至表示图书馆没有任何稳定的管理人员。可以说，缺乏"人"这一最基本的资源，图书馆建设和维护、开展阅读活动、参与学科教学等核心业务将无从开展。

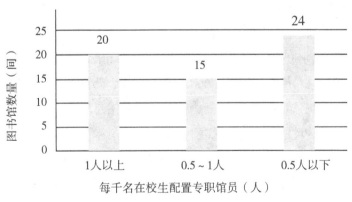

每千名在校生配置专职图书馆员数量情况

（二）馆员学历档次偏低

在受教育程度上，多数图书馆员的学历停留在大专或本科，少数是研究生。59所中小学图书馆中仅有10所配置了研究生学历的馆员，且仅有佛山市顺德碧桂园学校和珠海市香洲区香山学校这两所学校图书馆拥有2名研究生馆员，其余均为1名。在187名专、兼职图书馆员中，研究生学历人数仅为12名，占比6%，严重不足；本科学历占比超过半数，有117名；此外，还有24名专科学历和34名其他学历人员。

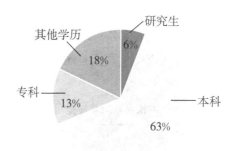

中小学图书馆员学历分布情况

虽然近年来省内的中小学图书馆注重引入富有激情、具备专业背景的毕业生，并且随着工作环境改善和劳动报酬提升，中小学图书馆对高校人才吸引力也在逐步提升，但是，馆员队伍整体的学历层次仍处于较低的水平，并没有随空间、硬件配套一起升级。

（三）馆员职称构成不合理

广东省中小学图书馆员的职称状况呈"葫芦状"分布，在职的仅有7名副高级以上职称，中级职称馆员有46名，初级职称馆员数量为25名。此外，还有接近100名的专、兼职馆员未评定任何级别的职称，占比超过一半。

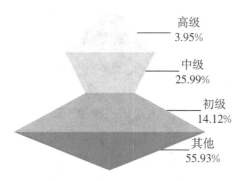

中小学图书馆员职称构成情况

合理的职称结构应当呈"橄榄"形分布，即中间宽、两头窄，这意味着中级职称代表的中间应占绝大部分，高级和初级以下职称代表的两头分别占据少数。而中小学图书馆员的现实情况却相去甚远，可以说，其职称的整体层次远低于学科教师，有待改善。

（四）馆员职业培训匮乏，职业发展通道不明朗

调查发现，中小学馆员每年接受的各类课程培训（包含图书馆管理基础、信息检索、阅读指导、阅读推广等）都处在"基本没有"或"1次/年"的状态。以信息检索培训课程为例，馆员基本没有接受培训与每年一次的占比达到了83.1%，每年接受3次及以上培训的馆员仅有6.8%。同样是新晋教职工，广东省教育主管部门和学校每年组织大量的培训工作，以帮助教学人员迅速适应岗位，但是图书馆员能接受到的系统入职培训几乎为零。

广东省中小学图书馆员2021年接受职业培训情况

课程内容	基本没有	1次/年	2次/年	3次及以上/年
图书馆管理基础	38.1%	44.6%	9.8%	7.5%
信息检索	41.8%	41.3%	10.2%	6.8%
阅读指导	33.4%	43.4%	13.6%	9.6%
阅读推广	37%	42.2%	12%	8.9%

广东省多数地市没有成立图书馆员组织，缺乏统一指导。而即使成立图书馆专业组织，馆际交流仍然较少。以珠海市为例，中小学图书馆专业委员会（下文简称"图专委"）虽每年组织全市中小学图书馆员进行集中培训，但只是短期的集中几场讲座，仅凭主讲人单向输出，会后缺乏讨论。在馆际交流合作、专家会谈、行业研讨、线上会议等多形式、深层次的培训上，中小学图书馆员的参与度还远远不足。

E馆员在接受访谈时表示："不太了解职称评选的过程是怎样的，不清楚怎么准备，长期以来都是。"包括E馆员在内，有相当数量的中小学图书馆员虽然知道图书资料有专门的晋升系列，但是中小学图书馆员人稀势寡、孤军奋战，不像高校馆或公共馆那样可以相互抱团取暖，没有相关的了解渠道，导致他们多年来未能参与职称评定。

（五）科班出身的馆员稀缺，临聘人员的流动性较高

图书情报档案专业出身的图书馆员数量在中小学图书馆中只占据极其微弱的比例，仅有13%，馆员多数是半路出家，队伍专业结构有待完善。专业的人员在理论素养和技术性操作上有牢固的基础，图书馆专业人员有着较为灵敏的信息嗅觉，对信息更新、知识迭代能够长期保持跟踪和学习的热情，同时在检索和信息工具的应用上，掌握得相对娴熟。虽然经过后期培训，也可以让非专业的图书馆员胜任工作，但是科班人员仍旧是一支队伍专业能力的有力支撑。

13.12%（图书情报与档案管理专业）

11.63%（文学类专生）

45.42%（其他专业）

16.11%（计算机类专业）

7.10%（工商管理专业）

6.62%（哲学、历史生专业）

中小学图书馆员专业结构

除了专业馆员数量不足，受限于编制，不少中小学图书馆员还只是学校临聘人员。L馆员在接受访谈时表示："最苦恼的是校聘的馆员来了没多久就走，刚教会他相关业务就马上又换了一个人，还要专门跨校区去带新来的馆员。"工资收入较低，工作成就感的缺乏，导致临聘馆员的流动性居高不下。

（六）馆员工作热情和成就感不高，缺乏工作积极性和主动性

因缺少激励机制，看不到职业前景，大部分中小学图书馆员并没有将图书馆的建设和发展作为一项严肃的事业来对待。工作中往往因循守旧，抱残守缺，缺乏创新意识。中小学图书馆员缺乏开展阅读推广的经验，也欠缺扩大图书馆影响力的"野心"，大部分馆员每天守着自己的"一亩三分地"，鲜少去学习和参考其他同行的先进做法，也极少参与学校教学，导致资源建设停滞不前，资源利用率低下。

调研发现，中小学图书馆员的业务开展情况并不乐观。在受访的59所学校中，开展主要图书馆业务（包括信息检索、新书入馆教育、馆际合作、参与学科教学、阅读活动等）的均不超过五成。其中，信息检索课程的开展情况最为惨淡，仅有9间图书馆涉及。图书馆是校园的课外书籍、网络信息集成中心，馆员对本职业务不上心，可以说是直接丢失了工作的主动性，创造性就更无从谈起了。

在开展过阅读活动的17所学校中，语文学科主任是活动组织实施的领军人物，超七成的学校的阅读活动中，都有语文学科主任的身影。德育主任、各学科教师也发挥了较大的作用。作为校园文化阵地——图书馆的主导者，图书馆员本应该在阅读活动中起到先导和引领作用。然而，馆员组织实施的活动仅为45.06%，不足五成。与其说是图书馆员缺少能力或机会，倒不如说是热情的缺失束缚了馆员价值的发挥。

中小学阅读活动的主要组织和实施者

开展阅读活动人员	图书馆员	语文学科主任	德育主任	各学科教师	其他
组织实施占比	47.06%	70.59%	29.41%	35.29%	11.76%

三、中小学馆员专业发展的阻力

目前，广东省中小学图书馆员队伍在专业服务人数、学历档次、职称构成、专业结构、职业培训、馆员工作素养等方面存在失衡现象。图书馆员之所以在专业发展上出现以上突出问题，与学校行政管理干部和馆员自身等阻力有一定关系。

（一）学校领导班子不重视图书馆的发展

广东省虽处于经济发达的东南沿海地区，教育观念先进，教育装备的财政划拨充裕，但是在实际操作层面，许多校长并不是特别重视图书馆建设，具体表现为不愿意投入、不舍得投入。一些学校对图书馆物资购进的态度尚且尤为谨慎，更不必说花资金引进优秀馆员或开展业务培训了。

某些学校领导对中小学图书馆的认识有失偏颇，认为图书馆就是过去的图书室、教材室。曾有一些"闲杂人等"通过关系成为馆员，给中小学图书馆烙上了"清闲胜地"的名号。有些学校即便投入大量的资金和土地用于建设图书馆，也仅仅是办面子工程，或是为了达成学校评级、升格的目的，而并未真正思考图书馆的价值。

（二）学校人事职能部门没能给馆员提供清晰的发展路径

图书馆员有自己的图书资料技术职称，但由于人数太少，学校的人事部门往往不会插手馆员的晋升。中小学图书馆员大部分不是科班出身，本领域的专业知识匮乏，对图书资料职称的评审机制不熟悉，造成了自身的评定难、晋升难。

在职称评审权力下放的大趋势下，仍存在某些地级市有撤销原有评审委员会的情况。例如，珠海市人社局宣布从2022年开始，取消原有的市级图书资料助理馆员评审点。至此，本市的图书资料职称评审资格被全部剥离，评审权全部交由广东省文化厅。这对原本游离在职称评审以外的某些馆员来说无异于雪上加霜。

（三）图书馆员自身缺乏发展的眼光

除了指引缺乏、领导重心偏移等客观因素，中小学图书馆员自身也应承担责任。某些馆员当一天和尚撞一天钟，没有融入学校发展的大格局，长期游离于校园文化、学生成长成才的圈子以外。工作脚步踏入图书馆里就等同于职业生涯来到了终点，点到为止，不谋创变，这是过去某些中小学图书馆员长期养成的"惯例"，殊不知，进入新时代后，图书馆在辅助教育教学、完善师生人格、创建优良学风和书香校园上已逐渐发挥重要价值。

四、思考与对策

为了明晰馆员职业发展前景，释放馆员的工作效能，促进广东省中小学图书馆建设事业发展，针对当下广东省中小学图书馆员专业建设的困境，笔者提出了以下几点解决思路与对策：

（一）上层应重新审视图书馆的价值

学校图书馆，服务于师生读者。中小学图书馆已不是以往简陋的图书室，也不是教材室，更不是学校应付检查的摆设，而是具备阅读空间、信息素养习得场所、校园文化活动平台、教学与课题申报辅助部门等多重角色的重要机构。阅读是完善人格、锻造意志、塑造品质的最好方式，加强青少年学生阅读也是新时代贯彻"三全育人"、实施素质教育不可或缺的一环，这正是图书馆的核心价值所在。学校领导应摒除过去对中小学图书馆的传统偏见，重新审视其价值，使图书馆发挥应有的作用，参与到学校的整体规划建设中来。在资源采购、经费投入问题上，应认识到馆藏资源及时更新的必要性。好的图书馆应该像一池活水那样，长期保持吐故纳新、与时俱进，才能满足读者需求，让师生与好书为友，养成开卷的终生习惯。

（二）完善人事制度建设，重视图书馆员的专业成长

许多馆员对近年新修订的职称评审规则不熟悉。相比之下，学校人事部门能更及时掌握评审信息，并依据经验，在继续教育、资料筹备、课题申报等方面给予一定的参评指导。新《规程》明确指出，图书馆管理人员在调资晋级或评奖时，与学科教师享受同等待遇。因此，应完善相关的人事管理制度，规范流程，压实责任。中小学的人事部门应有所作为，重视图书馆员的职称评选，挖掘和解读相关的政策文件与评审标准，为馆员晋升提供帮助。人事部门的指导和协助，有利于构建健康的图书馆员职称评定体系，增强队伍的能力，更有利于图书馆员产生强烈的职业归属感、获得感和成就感，促使其积极投入工作，恪守本职。

（三）专业组织应将馆员发展作为使命担当，创造成长环境

当前，广东省不少中小学图书馆员对专业发展路径感到陌生，因此其整体层次仍停留在较低水平。图书馆专业委员会和协会应当在馆员专业成长过程中发挥更多的助推作用。因为专业组织尚未覆盖全省，所以要以图书馆事业发达地区带动欠发达地区，建立沟通联动机制，实施馆际结对帮扶，以珠三角联动粤东西北，以城镇扶持乡村。此外，还可以推广跨域切磋，使不同地市的组织协会可以通过线上会议实现跨市分享；尝试以点带面，将已有市级的培训年会扩大到省级范畴。在培训层次和内容方面，专委会除了组织馆员进行实操交流、理论分享，还应当注重为馆员职称评定和学历提升创造环境。

笔者建议定期就职称、学历问题，有针对性地组织相关流程方法的培训，或邀请先进同行分享评选的经验，为馆员答疑解惑、理清思路、指明前程。

（四）图书馆员自身摆正定位，寻求机遇，发挥特长，融入学校整体发展中

馆员对岗位的认识不够深刻，对自身要求不高，经常处于专业发展路径之外。因此，馆员的成长离不开自身努力。首先，应正视岗位职责，一改以往的散漫作风，积极投入，挖掘工作价值点，把握契机，与读者共同成长。其次，注重学习，更新知识，与时俱进，掌握信息工具的使用，强化信息检索、组织、过滤、分类技巧，学会捕捉读者的需求点，在资源建设、阅读活动上主动创造需求，优化服务效率。最后要以学校整体的发展方向引领图书馆建设，了解读者的喜好，通过空间设计、馆藏布局等手段彰显学校特色，为创建文明校园、书香校园工程出一份力。只有发挥图书馆和馆员的专业价值，才能真正得到领导的重视，在学校占得一席之地。

（五）加强馆际交流合作，推广先进的运营经验

调研发现，一批中小学图书馆员凭借丰富的想法和出众的执行力，将图书馆的建设、流通业务和阅读活动办得有声有色，成为其所在学校的名片。其中就包括珠海市第三中学图书馆、汕头市金山中学图书馆等。为了更好地发挥领头羊作用，带动其他中小学图书馆的业务创新、馆员成长，广东省中小学图书馆必须在馆际交流协作上有所加强。想在平凡的工作中有不平凡的新点和亮点，必须依靠对日常业务的提炼，发现不足，尝试改良方案，并在实践中不断纠偏、完善对策。在这个过程中，兄弟馆的经验可直接提供参考。各个学校馆长应为馆员修订进修日程，积极组织队伍到先进单位学习，并尝试借鉴，因地制宜，因馆施策，依据自身情况对已有经验进行改良调整。在推广先进图书馆经验时，专委会也要推一把。可以对先进图书馆进行拍摄记录，以文字、图片、视频等形式汇总，形成优秀范本，在年会上进行宣传。

（六）抓住"双减"机遇，加强读物进校园管理，为师生读者输送精神养分

在落实"双减"工作中，校内减负提质是根本之策。减负是治标，目的是提质。其中，"减负"减的是学生的课程作业负担，而"提质"所要求的则不仅仅是提升教学质量和效率，更要充实校园精神生活。"双减"之下，中小学师生缓解了课业压力，同时也释放了校园阅读需求，为图书馆带来了一定的机遇和挑战。馆员应承担为师生筛选和提供优质校园读物的责任，并笃定地以推广阅读为己任。在具体形式上，可以参与学生的课后辅导工作，开展阅读课，阅读分享会；开放书单订阅，引导读者参与选购；举办人文素养阅读比赛、真人图书馆活动等。馆员要顺应教育改革的大趋势，在校园中找准定位，把握机会，发光发热，将图书馆的功能与学生的成长、学校的前程牢牢地捆绑在一起，放大自身优势，使图书馆成为"双减"下的校园文化核心。

五、结语

作为新时代基础教育信息素养传播的重要纽带，素质教育的改革浪潮将中小学图书馆员的价值推至浪尖。但是由于传统偏见和群体自身原因等，馆员的存在总是无法深入人心，长期徘徊在学校整体发展的圈子外围。要保障建设馆员队伍的充足的专业发展空间，一方面是为了匹配教育装备现代化的呼声，使"人"这一核心软件不落伍；另一方面，则是确保图书馆发挥其应有价值，稳步推进校园文化事业的发展。

广东省中小学图书馆的馆舍条件、系统装备和藏书配置已经在不断升级。在构筑校园文化高地、落实"双减"政策时，广东省中小学在坚持育人导向，统筹协调资源的同时，应不忘倾听馆员专业发展的合理诉求，促使中小学图书馆员在意识、培训、进修等方面得到稳步改进，从而逐步扭转图书馆大而空、馆员少而弱的局面，真正让馆员有归属、图书馆有价值、师生有精神、校园有文化。

参考文献：

［1］铁峰.高校图书馆馆员成长与能力提升策略研究——以国内32所财经院校图书馆为例［J］.河南图书馆学刊，2021，41（1）：37-39.

［2］赵俊颜，凌征强.高职院校图书馆专业馆员服务：现状、问题与对策［J］.图书馆理论与实践，2020（4）.

［3］郑杨，张兵，庞德盛.《国际图联学校图书馆指南（第2版）》译读与解析［J］.图书馆杂志，2017，36（9）：96-99.

［4］赵丽霞.美国《学校图书馆员培养标准（2019年版）》解读与启示［J］.国家图书馆学刊，2021（2）.

［5］方诗雅，范并思.图书馆未成年人服务理念的新发展——《国际图联0-18岁儿童图书馆服务指南》的启示［J］.图书馆论坛，2019（9）.

［6］谭祥金.图书馆员的基本价值观——为人找书　为书找人［J］.图书馆论坛，2005（6）：43-45，125.

［7］鄂丽君，王启云.美国高校图书馆专业馆员职业能力调查与分析——高校图书馆招聘视角［J］.图书馆论坛，2018（1）.

［8］何立芳，朱林仙.《中小学图书馆（室）规程》2018版与2003版对比分析［J］.图书馆杂志，2020，39（2）：67-73，50.

［9］赵丽霞.美国《学校图书馆员培养标准（2019年版）》解读与启示［J］.国家图书馆学刊，2021（2）.DOI：10.13666/j.cnki.jnlc.2021.0202.

［10］闫凤娟.中美日公共图书馆法比较研究［J］.图书馆学研究，2018（21）：10-12，85.

［11］伍清霞，刘洪辉.图书馆员权利简论［J］.图书馆建设，2016（4）.

［12］王晴，徐建华.国内图书馆职业研究述评与未来趋向［J］.大学图书馆学报，
2019（4）.

［13］刘偲偲，车宝晶.专业馆员的职业定位与能力重塑——新版《普通高等学校图
书馆规程》的关联思考［J］.图书馆工作与研究，2017（10）.

［14］徐建华，杨济霞，路锦怡.政府主管部门对图书馆员刻板印象的实证研究
［J］.图书与情报，2019（4）.DOI：10.11968/tsyqb.1003-6938.2019064.

［15］曾敬.美国高校及中小学图书馆的公民科研支持服务［J］.图书馆论坛，2016（11）.

［16］祁瑞.民族地区中小学图书馆（室）建设存在的问题与发展对策研究——以伊
犁哈萨克自治州中小学图书馆（室）为例［J］.内蒙古师范大学学报（教育科
学版），2016（8）.

［17］徐建华，王翮然，俞碧飔.图书馆员刻板印象视角下的图书馆事业边缘化分析
［J］.图书情报工作，2015（7）.

［18］廖兰.《国际图书馆协会联合会学校图书馆指南（第二版）》评介［J］.图书
馆论坛，2016（5）.

［19］钟伟.试论日本学校图书馆专业职务制度对我国中小学图书馆发展的启示
［J］.图书馆工作与研究，2012（9）.

［20］詹玮，周媛，刘志军.中小学图书馆员职业倦怠的影响因素分析［J］.图书情
报工作，2012，56（19）：69-73，94.

［21］倪慧.图书清查背景下图书馆员专业素养提升策略［J］.福建教育学院学报，
2021（8）.

［22］罗红辉.论阅读推广的实践方法与技巧——以长沙市8所中学阅读推广活动为例
［J］.图书馆，2016（12）.

［23］朱泳瑛，刘静羽，王慧.专业认知对未来职业者图书馆员刻板印象的影响分析
［J］.图书与情报，2013（2）.

［24］智晓静.论"图书馆学五定律"的发展历程［J］.山东图书馆学刊，2018（2）：6.

［25］教育部关于印发《中小学图书馆（室）规程》的通知［J］.中华人民共和国国
务院公报，2018（31）：30-35.

［26］李玉兰."双减"后：哪些新措施保障学习质量［N］.光明日报，2022-02-16（1）.

［27］麦彩云.高考新形势下中小学图书馆的机遇与挑战［J］.图书馆工作与研究，
2019（1）：106-110.

珠海市中学图书馆人员素质现状与教育培训①

《中小学图书馆（室）规程（修订）》［以下简称《规程（修订）》］指出，图书馆是中小学校的书刊资料信息中心，是为学校教育、教学和教育研究服务的机构。中小学图书馆是基础教育事业的有机组成部分。图书馆员作为中小学图书馆组成不可或缺的因素之一，是一支庞大的队伍，这支队伍的素质如何直接决定了中小学图书馆的管理与服务水平。因此，在关注中小学图书馆条件设备、经费投入、阅读指导、数字化建设、文献数量与质量等问题的同时，也很有必要去了解中小学图书馆员的人员素质现状，想方设法去提高中小学图书馆员的素质。在这里，作者将对珠海市中学图书馆人员素质现状进行分析并指出图书馆员教育培训的尴尬现状，在探讨造成这些现象的原因的基础上，给出对中学图书馆员教育培训的一些建议。要呼吁落实《规程（修改）》的标准，提高图书馆员准入门槛，强调图情专业，重视高级人才队伍的培养。

一、珠海市中学图书馆人员素质的现状分析

最近，珠海市教育学会中小学图书管理专业委员会设计了一份调查问卷，对珠海市中学图书馆进行了比较详细的调查，对各个学校图书馆的基本情况、管理人员素质现状、购书情况以及培训情况做了简单的统计。从35所学校的反馈情况可看出，珠海市中学图书馆人员素质的现状不容乐观。

（一）馆均编制低，在编专职图书馆员数量少

除了珠海市第一中学有专职图书管理员6名，珠海市第二中学有专职图书管理员5名以外，其他33所中学在编专职图书管理员总共才47人，馆均编制仅有1.4人。如果加上珠海市第一中学、珠海市第二中学，馆均在编人数也只有1.75人。根据这个馆均编制人数，每个中学图书馆的专职图书管理员才有1～2人。根据《广东省中小学图书馆（室）建设标准》，一个学校的图书馆一般都会有藏书室、学生阅览室、教学阅览室、电子阅览室等功能室，而且一般图书馆的业务工作都会包括采访、编目、流通等内容。试想，

---

① 该论文由王鸿飞撰写，原载于《图书馆论坛》2009年第5期。

1～2个图书管理员怎么去开展这些工作？更不用说有时间、精力去思考与尝试服务创新等问题。

（二）高学历人才相对缺乏，专业结构不尽合理，整体素质不高

在珠海市提高教师的准入门槛以后，中学图书馆员的高学历人才就显得相对缺乏，对35所中学进行调查统计后发现，除了5位教师没有填写清楚学历状况，本科以上学历有28人，大专以下学历为35人，特别是中专以下学历还有16人，本科以上学历的图书馆员所占比例偏低。此外，图书馆学、情报学专业的人才偏少，图情专业本科以上毕业才10人，占14.5%；图情专业大专毕业或继续教育毕业的7人，占10%；其他专业的占75.5%。可见，专业结构极不合理，绝大部分中学图书馆的工作人员缺乏专业的理论知识，这直接影响了中学图书馆作用的发挥。

（三）队伍相对老化，新生力量占比小

除了图情专业毕业，绝大多数图书管理员是从教学岗位退下来的学科教师，年纪相对都较大，50岁以上的图书管理员占了15%左右。而18～29岁的新生力量只有6人，都是图情专业毕业，只占8.5%左右。可以看出，引进图情专业高学历人才已经受到一定程度的重视，但也反映出这种趋势进展得很缓慢。中学图书馆要在新课程改革中发挥重要的作用，还需要教育行政部门提供良好的工作环境，吸引更多图情专业毕业的高学历人才加入中学图书馆队伍中来。

（四）职称问题较为突出

由于受职称评聘过程中的相关政策以及中学图书馆员的自身素质和继续教育状况等因素的影响，珠海市中学图书馆工作人员的职称问题也比较突出。根据调查表以及作者的了解，截至2008年年底，珠海市只有一名中学图书馆员获得了副研究馆员的职称，获得副研究馆员的比例只占不到1.4%，而获得馆员职称的中学图书馆员也只有14个，占了20%左右。所以，接近80%的中学图书馆员没有获得图书馆学专业的中级职称，他们要么是图书馆学初级职称，要么是通过教师途径评到中级、高级职称。

二、中学图书馆员教育培训的现状以及原因

中学图书馆员教育培训难、培训机会少、培训级别低、培训内容随意是全国中学图书馆员之痛，也反映了珠海市中学图书馆员教育培训的尴尬现状。

（一）珠海中学图书馆员的教育培训现状

珠海市中学图书馆员的素质现状并不理想，学历不高，图情专业毕业的图书馆员比例小，绝大部分图书馆员都是转行过来的学科教师，这些人员大多没受过图书馆学专业教育，对图书馆管理的认识不足，很需要进行专业的教育与培训。然而，根据图书管理

专业委员会的调查显示，图书馆员不管是培训人次、培训层次，还是培训内容、培训课时、天数，都很不理想。

1. 培训人次

根据统计结果分析，35所学校共69位图书管理员，这些年来，所有年份，所有学校，参加培训的所有人次才达到67人次，培训的机会非常少。而且培训机会分配得极不平衡，有些图书馆员得到五六次培训机会，而有些图书馆员只得到一次培训机会，有的图书馆员甚至从来没有参加过培训。

2. 培训层次

中学图书馆员的专业培训大多局限于市内局部的、基础的、短期的培训，国内专业化和高层次化培训所占比重很小。大多数的专业培训都是由珠海市教育学会中小学图书管理专业委员会组织的短期培训，有个别的图书馆员参加了国家图书馆、深圳图书馆、广东省立中山图书馆、珠海市图书馆组织的培训活动，还有极个别的图书馆员参加了图书馆馆长培训班或自主参加专业进修。

3. 培训内容

从中学图书馆员的反馈信息来看，培训的内容局限于图书馆自动化、中图法分类、图书馆基础知识以及系统利用培训等基础知识培训或业务培训。培训的内容缺乏系统性，理论性的专业培训不多，且大多数不够深入，如蜻蜓点水，一带而过，对中学图书馆员产生的作用并不明显。

4. 培训课时、天数

中学图书馆员的培训课时很少，几乎所有的培训都是短期培训，一般是1~3天，特别是图书管理专业委员会组织的市内专业培训，很多时候一天时间就可以搞定，很难取得良好的效果。培训次数少，每次培训课时也少，不仅没能提高中学图书馆员的业务素质，还在很大程度上阻碍了图书馆员专业职称的考评。

（二）造成中学图书馆员教育培训困难的原因

1. 中学图书馆员的培训工作仍然缺乏政策支持

《规程（修订）》规定："中学图书馆工作人员应具备大专以上文化程度。图书馆工作人员在调资晋级或评奖时，应与教学人员和教学辅助人员等同看待，并使其按国家有关规定享受相应的福利待遇。"可以看出，相关表述仍然比较模糊，导致落实标准的力度有限。而且，中学图书馆的教育培训也没有相应的、具体的政策规定。珠海市中学图书馆在教育培训方面应该算是做得不错的。近几年，成立了中小学图书管理专业委员会，组织了一些专业培训与交流活动。但是，没有政策的支持，没有相应的权限，图书管理专业委员会的培训活动仍然无法做到系统性、持续性，而且缺乏一定的号召力与影响力。

2. 普遍存在对中学图书馆工作评价失衡的现象

中学里除了行政人员和后勤工作人员外，主要是教学人员和教学辅助人员。一般来说，中学图书馆员被定位为教学辅助人员。然而，由于中学图书馆的地位与作用，图书馆工作的专业性得不到领导和学校的认可，部分领导对图书馆员的业务学习和进修不够关心，没有相关的制度与方案。工作评价失衡，中学图书馆员工作业绩被忽视导致中学图书馆员丧失了很多专业培训与学术交流的机会，缺乏创新能力，科研能力低下。教育行政部门没有在中学图书馆的人员聘任、职称评定等方面给予切实有效的管理，部门学校图书馆员的年度考核会与后勤工作人员安排在一起，考核标准很随意，优秀指标相对缺乏，图书馆员得不到准确的评价；且职称评定是依照省级图书馆学专业技术人员标准，跟高校图书馆、公共图书馆、科研图书馆的工作人员一起进行职称评定，难度非常大。中学图书馆员职称评定问题严重，导致图书馆员待遇普遍偏低。

3. 中学图书馆发展落后，没能够发挥应有的作用

目前，大部分中学图书馆的发展比较落后，主要体现在以下几个方面：第一，面积小，设备陈旧，环境较差。第二，资源少，更新速度慢，甚至不更新，彻底变成可有可无的摆设。第三，宣传力度不够，图书馆利用效率超低。可以说，图书馆无法发挥应有的作用，无法为教师的教学服务、为学生的学习服务、为学校的教育教学和教育科学研究服务，导致图书馆成为学校最不起眼的功能室，图书馆员成了最不起眼的老师，这一切间接影响了图书馆人才的培养。

4. 人的观念问题

一个图书馆要实现优质高效的服务，必须有高效的管理体系和完善的管理制度。人是图书馆管理之本，是最具活力，也是最具决定作用的力量，加强对"人"的培养与管理才能够有效实现为读者服务的宗旨。然而，很多学校领导并没有意识到这一点，不明白图书馆员是图书馆文献、设备等资源之外的最为宝贵的资源，对图书馆工作的专业性认识不够，不重视人才的培养。部分学校甚至把图书馆当成安置老弱病残的场所，来图书馆工作的教师每天得过且过，不思进取，从来不考虑培训的问题，久而久之，图书馆员的教育培训就变成了回忆。

三、中学图书馆员教育培训的对策

针对珠海市中学图书馆人员素质的现状以及教育培训的现状，做好中学图书馆员的教育培训，需要考虑以下几个方面：

（一）教育行政部门要制定相关的政策与规划，明确中学图书馆员教育培训的意义、内容、方式等

虽然部分地区已经把中学图书馆员的继续教育纳入教师继续培训的计划中，新教师培训、校本培训都会或多或少地出现图书馆员的身影。然而，根据培训的内容判断，这些培训对提升图书馆员的理论水平与业务素质作用并不明显。所以，很有必要根据图书馆工作的实际进行相关的调研，制定相关的政策，切实规定中学图书馆员教育培训的意义、内容、方式等，规定中学图书馆员接受教育的次数、课时和应达到的程度，确保继续教育所需经费的来源，确保接受教育期间个人的福利待遇，保证中学图书馆员教育培训能够及时、有序、持续地进行。

（二）发挥教育系统图书馆继续教育专门机构的作用，注重教育培训的内容与方式

中学图书馆的教育培训活动需要专门的继续教育、培训机构，并积极发挥统筹、组织等作用。一般来说，教育信息装备中心、教育学会中小学图书管理专业委员会或教育局教师培训部等肩负着这项责任，中学图书馆员的教育培训需要好好发掘这些部门或组织的潜力，使其发挥应有的作用。此外，由于中学图书馆员年龄、学历以及专业等各不相同，导致其专业素质各不相同。因此，中学图书馆员的教育培训活动要考虑两个极端，给图书馆员选择培训方式和培训内容的空间。比如：图书馆学专业基础知识缺乏的图书馆员可以多参与图书馆学基础知识和业务技能培训。而对图情专业、高学历图书馆员则可以提供一些更加专业、更加深入的培训。在培训方式的选择上，一般来说，有短期培训班或者讲座的形式，但是，有条件的地方可以尝试专题研讨会、外出考察学习等方式。

（三）注重中学图书馆员科研能力培训，打造一支高素质的科研队伍

中学图书馆不仅为教学教育服务，还必须为教育科学研究服务。因此，要引进各种有用的资源，在为教师提供科研资源的同时，中学图书馆员还必须具备一定的科研能力，能够对本专业进行相关的研究，以提高自身工作效率与服务水平。中学图书馆员有过科研的经验或者亲自参与到具体的科研项目中，才能够更好地发挥其信息导航员的作用，为教育科学研究服务。加强对中学图书馆员科研能力的培训，既能激发中学图书馆员的科研意识和创新精神，又有助于中学图书馆工作的理论研究和实践相结合，更能培养一批中学图书馆工作中的业务能手，甚至造就学者型、专家型馆员。

（四）与时俱进，转变观念，同时发挥公共图书馆在中学图书馆员教育培训中的作用

在当今的中小学领域，相比于图书馆条件设备引进、经费投入、阅读指导、数字化建设、文献数量与质量等问题，人的观念问题才是最根本的。要做好中学图书馆员的教育培训工作，需要与时俱进，转变观念。第一，教育行政部门要转变观念，根据中学图

书馆发展的情况，在图书馆相关政策、人才引进、教育培训等问题上采用新思路、新做法。第二，学校领导要转变观念，在图书馆最新设备、资源的引进方面给予大力支持；在人才的培养方面有明确的规定与制度，重视图书馆员的教育培训。第三，师生读者的观念要转变，素质教育、课程改革、教师专业化都要强调读书的重要性，中学图书馆不是可有可无的摆设，要使师生读者能够从图书馆得到更多的实惠。第四，中学图书馆员要转变观念，明白自己肩负的重任，争取一切教育培训的机会，不断提高自身的理论知识与实践能力。

此外，公共图书馆在中学图书馆员的教育培训中扮演着举足轻重的角色，要建立公共图书馆与中学图书馆的桥梁，加强它们之间的沟通与联系，通过公共图书馆的各种教育培训活动与学术交流活动，增加中学图书馆员的教育培训机会，为中学图书馆员的教育培训开辟一条阳光大道。

（五）落实标准，提高准入门槛，重视高级人才队伍的培养

要改变中学图书馆的现状，发挥图书馆的作用，必须认真落实《规程（修改）》的标准，加快图书馆的建设，重视图书馆的人力资源管理，提高中学图书馆员的准入门槛，注重图情专业人才的引进，提高图书馆员的待遇与地位，完善教育培训制度，重视高级人才队伍的培养，对各方面能力都较强的中学图书馆员必须及时进行宣传和给予表彰。

参考文献：

[1] 刘堂江.重视并行之有效地做好中小学图书馆员队伍建设工作[J].中小学图书情报世界，2008（8）.

[2] 马立峰.加强中学图书馆员队伍建设的思考[J].当代教育科学，2008（14）.

[3] 王京山，王锦贵.中小学图书馆员教育培训问题研究[J].中国图书馆学报，2001（5）.

[4] 曹青，邢素丽，杨艳萍.新《规程》下北京市中小学图书馆员的继续教育[J].北京教育学院学报，2005，19（4）.

[5] 邵未华，邢小婷.关于加强中小学图书馆员教育培训的思考[J].中小学图书情报世界，2003（1）.

[6] 吴磊明，李明.新时期图书馆员继续教育之思考[J].图书与情报，2003（3）.

[7] 陈亚琼.浅议师范院校对中小学图书馆工作人员的继续教育[J].四川教育学院学报，2000（7）.

[8] 陈卓坤.迎接新时代，塑造新形象——对当前中小学图书馆队伍建设的思考[J].中小学图书情报世界，2004（10）.

面向中学生的"微图书馆"建设探究[①]

——以珠海市第三中学图书馆为例

近年来，中国进入了"微"时代，"微"字如今正深刻地影响着中国人的日常生活和语言生活。"微"字的流行源于"微博"的诞生。与此同时，也产生了模仿"微博客"而形成的另一类"微××"词语。这类词语中的"微"仅仅继承了"微博客"中"微"字的含义，可以理解为"小的""少的"，但指代的对象、行为和"微博"已没有关系，比如"微电影""微旅行"。而随着语言形式的突破创新，"微××"词语已经不仅仅表示与"微博"相关或者"小的"的含义，还可以表示一种新鲜事物或技术创新，用以激起人们的好奇心与兴趣。当我们以班级为单位建设图书角时，借鉴了当今社会微博、微信等微概念，使用了"微图书馆"的概念，更多是出于创新的考虑，希望能够引起师生的好奇心与关注，概念上更倾向于"迷你图书馆"这层意思。"微图书馆"体现出班级"微图书馆"与学校图书馆的密切联系，且有别于以往的"班级图书角"或"班级读书角"。珠海市第三中学图书馆立足实际，创新推出了班级"微图书馆"建设，该项目从2012年初开始运作，经过3年的实践，取得了一定的经验和成效。

一、"微图书馆"的实践探索

（一）"微图书馆"概况

2011年，珠海市第三中学获得广东省"书香校园"的称号。接着，图书馆申报的"中学书香校园创新发展的研究"课题获得广东省德育科研课题立项。在课题研究过程中，珠海市第三中学提出了班级"微图书馆"的设想，制定了《珠海市第三中学班级"微图书馆"计划》，展开了"微图书馆"的实践与探索。"微图书馆"的创意源于班级图书角，主要指在班级设立班级图书柜放置一定数量的图书，建设"微图书馆"，以供班级师生阅读，从而营造书香氛围，建设书香班级。因此，"微图书馆"其实就是具

---

① 该论文由王鸿飞撰写，原载于《图书馆建设》2015年第12期。

有珠海市第三中学特色的班级图书角，是对以往班级图书角的创新。

"微图书馆"建设之初，珠海市第三中学图书馆做了充分的调研，并根据教室位置空间设计了班级图书柜的方案，量身定做了48个班级图书柜。此外，图书馆制定了《"微图书馆"的班级团借规则》及《"微图书馆"的管理借阅规则》，并且为每个班级办理了读书卡，规定每张班级读书卡的最大借阅限额是200本。"微图书馆"以学校图书馆为中心，在班级设立微型图书馆，搭建"学校图书馆——班级微图书馆"的两级阅读平台，从而使图书馆的图书资源、服务和读书活动延伸到班级，延伸到学生身边。

（二）微图书馆的图书来源

按照《珠海市第三中学班级"微图书馆"计划》的设想，"微图书馆"最主要的图书来源是班级团借，利用班级读书卡向学校图书馆团借图书。每个班级可根据"微图书馆"的建设需要以及学生阅读需求，向学校图书馆团借图书200册。班主任和科任教师可对学生在"微图书馆"所借的图书加以监督和指导，向其推荐书目，进行导读。班级团借的图书，图书馆会通过管理系统及时反馈学生所借图书的目录，以便同学在班级借阅的时候进行登记。当然，"微图书馆"的图书来源还包括以下几个方面：一是师生自筹图书，交换共享的好书。每个人都可以把自己手中的好书拿出来，进行登记，放到"微图书馆"，进行交换阅读，做到图书资源的共享。二是图书漂流活动的图书杂志。在学校开展图书漂流活动期间，漂流的图书将在各个班级漂流，漂流图书就成为"微图书馆"的暂时性资源。三是班级订购的报刊。个别班级可以自己订购相关的报纸、杂志及图书以丰富"微图书馆"的资源。

（三）"微图书馆"的管理与评价

学校图书馆作为"微图书馆"建设的倡导者，为班级提供图书柜，办理班级读书卡，进行宣传推广以及培训工作，并通过班级团借制度确保"微图书馆"建设的顺利进行。在"微图书馆"建设过程中，各班自行制定"微图书馆"的管理规则、借阅规则、管理人的责任制度，安排专人管理"微图书馆"，主要负责班级团借、班级图书柜的装饰美化、图书管理、班级借阅登记以及图书催还等；提倡各班成立班级读书小组，利用课前或班会课等课余时间，开展读书活动，并积极参与学校图书馆组织的各项读书活动。

在"微图书馆"的评价方面，我们提倡在"班风班貌检查"及"美化教室"等评比中增加"微图书馆"的分值。条件成熟的情况下，可以考虑开展"微图书馆"或书香班级评比活动。

（四）"微图书馆"的经费保障

2012年"微图书馆"计划实施前期，学校投入近5万元，购置"微图书馆"的图书柜。2008年珠海市第三中学图书馆改造升级以后，除了相对稳定的报刊征订经费，每年都投入很多经费用于采购图书。其中2008至2011年，图书经费平均达到30万元/年，生均图书更新5册以上；2012至2014年，图书经费平均达到10万元/年，生均图书更新1册以上。此外，学校在阅读环境营造、基础设施完善、阅读推广以及读书活动等方面也投入了很多经费。当然，每学期开展"微图书馆"建设的过程中，学校会给班级一定的补助，用于"微图书馆"的布置与装饰。

二、"微图书馆"的建设实践

"微图书馆"是一种新的提法，一开始大家缺乏了解，建设起来比较难。2012年4月底全部班级图书柜到位，在图书馆的宣传与推动下，个别班级开始尝试建设"微图书馆"。至学期末一共只有10个班级开展"微图书馆"的建设，借出图书755册。于是，图书馆申报了《班级"微图书馆"的实践探索》的校级微课题，先后在开题报告会、中期报告会上向全校老师做了汇报，对"微图书馆"做了详细的介绍，也展示了前期的一些建设图片及数据。"微图书馆"慢慢得到了班主任和学科教师的认同与支持。目前，"微图书馆"已经经历了三个完整学年6个学期的建设实践，其中2012至2013学年度建设"微图书馆"36个，2013至2014学年度建设"微图书馆"30个，2014至2015学年度建设"微图书馆"41个。通过几年的实践，学校积累了很多经验，形成了"微图书馆"建设的一些主要步骤：

一是学期初图书馆为班级办理读书卡，并通过校讯通、宣传单等手段通知各班开展"微图书馆"建设活动。

二是各班对"微图书馆"进行美化。结合班级文化建设，参考"微图书馆"建设方案，对班级图书柜与背景墙进行装饰美化，精心布置"微图书馆"的阅读区域，给"微图书馆"起一个比较特别的名字。

三是充分发挥班级读书卡的作用，挑选各种各样的书籍，丰富班级"微图书馆"。同学们可以咨询学科教师，了解一些图书目录，也可以通过班级调查掌握同学们的阅读兴趣，然后派代表到图书馆挑选图书。与此同时，班级还可以在图书馆拿到"微图书馆"所借图书的目录，目录清楚显示图书的名称、作者等信息，每本书后面还有借阅人签名的空格，以便在班级借阅的同学做好登记。

四是做好图书分类，安排专人管理，进行阅读推广。"微图书馆"的图书到位后，班级可以对图书进行重新分类。班级会安排专人负责管理，并根据班级情况制定班级借书规则。班级图书管理员会采取一些措施向同学们宣传"微图书馆"的图书，并做好图书借阅的登记。

五是做好读书笔记，开展班级读书活动。班级可以充分利用"微图书馆"的背景墙展示大家的读书心得，也可以准备阅读记录本记录阅读的点点滴滴，分享阅读的收获。学科教师可以结合教学内容，开展专题阅读活动，利用好"微图书馆"的书籍。

六是保持和学校图书馆的联系，关注"微图书馆"的有关信息，比如"微图书馆"检查评比信息、图书团借信息、读书活动的信息、"微图书馆"催还单等。

三、"微图书馆"的建设成效

（一）"微图书馆"美化了教室，提升了班级文化氛围及书香气息

清新田园风、古典书香风、创意动漫风……每个班级都根据自己的特色打造了"微图书馆"，成为了校园里一道道亮丽的风景。这得益于班主任和学生的集体智慧，很多班级的"微图书馆"装饰得很漂亮、很有创意。首先，"微图书馆"出现了各种各样的名字，如藏书阁、读书角、尚文苑、悦书阁、书苑、梅香阁、纳川馆、煮书、心灵驿站、书香溢柜、图书角、诚信图书角等。其次，各个班级对"微图书馆"的装饰美化非常用心。结合班级文化建设把"微图书馆"的美化装饰跟教室整体布置紧密结合，体现了班级特色与班级文化。于是，我们在"微图书馆"装饰上看到了埃菲尔铁塔、励志标语、心愿墙、阅读心得、光荣榜、心愿树、书法秀、笔尖上的躁动……此外，"微图书馆"经常收到图书馆的好书推荐、借阅排行榜、读者排行榜、读书海报等宣传资料，一时之间，班级充满了书香气息，读书氛围日益浓厚。

（二）"微图书馆"进一步激"活"图书馆资源，加大图书借阅量

从无人问津的藏书室到阅读环境优美、利用率不断攀升的图书馆，珠海市第三中学图书馆付出了很多，这得益于图书馆的各种服务创新与阅读推广。"微图书馆"正是其中一项比较有成效的服务创新。"微图书馆"建设活动得到了很多班级的响应，营造了浓郁的读书氛围，吸引了更多读者走进图书馆、利用图书馆，进一步激"活"图书馆资源，从而提高了图书借阅量。根据班级团借记录统计，2011到2012学年度，开展"微图书馆"实践的班级有10个，借出图书755册；2012到2013学年度，开展"微图书馆"实践的班级有36个，借出图书8348册；2013到2014学年度，开展"微图书馆"实践的班级有30个，借出图书5884册；2014到2015学年度，开展"微图书馆"实践的班级有41个，借出图书4851册。当然，"微图书馆"更重要的作用是为师生搭建了利用图书馆的桥梁，宣传了图书馆的服务与资源，吸引学生走进图书馆、利用图书馆。据统计，珠海市第三中学图书馆每年流通量接近8万册，外借量达4万册，生均年借阅量17册左右（学生近2300人），其中"微图书馆"的班级团借约占图书馆总借阅量的13%。

（三）"微图书馆"把图书馆的服务延伸到了学科教学及班级

"微图书馆"的服务理念提倡将图书馆的服务延伸到学科教学及班级，通过"微图

书馆"建设把图书馆的图书资源与服务等推送给师生等读者。例如，在"微图书馆"建设过程中，语文教师结合阅读指导课、课前演讲等，为学生提供图书目录或范围，围绕教学需要开展"微图书馆"建设；美术教师可以结合绘画教学需要，提前让学生团借各种临摹的美术图书。另外，根据建设"微图书馆"的需要，各班都设置了班级图书管理员，加强与图书馆的联系与沟通，"微图书馆"的班级团借与管理工作不断得到规范。大多数"微图书馆"都对图书进行了简单分类，如历史类、教辅类、名著类、英语类、小说类、工具书等。个别"微图书馆"还设置了"我推荐""漂流吧"等栏目。看到"微图书馆"摆放的各种类型的好书，学科教师、班主任都认可了图书馆的资源，改变了观念，鼓励学生多读书、读好书。

（四）"微图书馆"提升了珠海市第三中学图书馆的美誉度与影响力

"微图书馆"作为珠海市第三中学图书馆非常重要的一部分，时刻向学生、教师甚至家长展示图书馆的各种资源与服务，潜移默化中影响了大家对图书馆的认识，从而不断提升珠海市第三中学图书馆的美誉度与影响力。短短几年，珠海市第三中学图书馆从不起眼的图书室蜕变成颇具规模的图书馆，早上、中午、下午、课间甚至晚上的课余时间，图书馆人气都很旺，流通书库、学生阅览室、电子阅览室、走廊的阅览桌椅等座位基本满座，期中、期末更是"一位难求"。图书馆逐渐成为学生生活中不可或缺的一部分，大多数同学都养成了到图书馆阅读、借还书、写作业、自习的习惯。珠海市第三中学图书馆的办馆效益获得了关注与好评，不仅得到上级部门认可，还多次见诸报端，例如：2013年12月5日《珠江晚报》就以"投经费、设漂流、开微博、问需求……师生联手'激活'图书馆"为标题报道了学校图书馆以及"微图书馆"的建设与利用成效。

四、实践的思考

（一）"微图书馆"以图书馆为主导、班级为建设主体、班主任与学科教师为重要推手

"微图书馆"的概念与创意是由图书馆提出来的，而且《珠海市第三中学班级"微图书馆"计划》是由图书馆制定并实施的，在"微图书馆"的建设实践中，图书馆始终处于主导地位。图书馆为班级提供图书柜等设备，提供图书资源，制订管理方案及各项规则，办理班级团借手续并提供"微图书馆"图书目录，引导班级利用"微图书馆"开展各种阅读活动，后期还会做好催还、建设成果展示等工作。当然，是否开展"微图书馆"建设以及建设成效如何，则是由班级决定的，班级是"微图书馆"的建设主体与阅读主体。从过去几年的"微图书馆"建设实践中可以得出结论，如果班级能够发挥主观能动性，那么，在装饰美化、"微图书馆"起名、班级团借、管理手段、使用效果、图书归还等各个环节都会做得非常出色，建设成效就会更加明显。最后，在"微图书馆"

的建设实践中，班主任与学科教师是重要的推动力量。赞同"微图书馆"理念与实施方案的班主任会积极推动"微图书馆"建设。此外，一些需要利用图书资源开展专题阅读、课前演讲的学科教师也会非常主动地参与"微图书馆"的建设，并给予学生更多建议与指导。

（二）"微图书馆"需要更多的评价与激励，才能调动学生的积极性

在应试教育的社会环境下，课外阅读不受重视，图书馆在学校里处于边缘地位，没有话语权，从图书馆角度去推动"微图书馆"建设，阻力比较大。由于都是自愿建设，平时忙于各种杂事的班主任积极性并不高，不能用心去建设"微图书馆"。因此，需要学校层面的评价与激励手段，才能够激发班级的积极性。"微图书馆"建设实践中，学生处的"班风班貌检查"就增加了"微图书馆"的分值。另外，学生处、团委制定的《珠海市第三中学关于开展"美化教室"活动方案》中要求："微图书馆（班级图书角）书籍摆放齐整，有专人管理。并且强调作为广东省书香校园，微图书馆必须有！而且应该做出特色，加强管理！"在各种评比的鞭策下，"微图书馆"建设成为班级文化建设的重要一环，班级团借热情顿时高涨。从2015年开始，学生处规定，凡是开展"微图书馆"建设的班级，可以得到一定金额的补贴，进一步推动了"微图书馆"的建设。当然，如果有经费支持，我们还可以制定"微图书馆"建设标准，开展"微图书馆"建设评比、书香班级评比、阅读之星评比等各种评比活动。

（三）"微图书馆"的理论支撑、管理手段需要进一步探究

为什么要建设"微图书馆"？目前来看，好像并没有比较合适的理论支撑。珠海市第三中学图书馆开展"微图书馆"建设，主要是借鉴了书香校园的相关理论，并且将其作为一种阅读推广方式，希望通过把图书馆延伸到学校里的最基本单位——班级，做好班级的读书活动，引导学生喜欢上阅读。通过几年的实践与推广，从"微图书馆"建设成效及学校图书馆的使用效益来看，"微图书馆"不愧为中小学图书馆阅读推广的经典案例之一。当然，"微图书馆"的持续发展创新，需要寻求更多的理论支撑，并且可以应用一些现有的阅读理论，如分级阅读理论、阅读推广理论等。此外，"微图书馆"仅仅依靠系统打印出来的图书目录进行管理，存在一些不足。"微图书馆"的管理手段创新以及结合课堂教学开展工作对我们提出了新的要求。据了解，美国从幼儿园开始就设置图书角，且注重图书角的空间选择与环境创设。国外还有Green Book Corner这样的项目，目的是鼓励学生阅读及与他人分享阅读。目前，国内有关班级图书角或读书角的介绍不少，但从大多数文献来看，没有太多新意。而且据文安强调查，班级图书角存在各种不足，其中最主要的是图书保障及管理的问题。"微图书馆"是珠海市第三中学图书馆的新提法，是对班级图书角或读书角的一种创新，相比较而言更具有可塑性和生命

力。然而，建设"微图书馆"还需要注意以下问题：一是学校领导、图书馆管理者认同"微图书馆"的理念，并且确切了解"微图书馆"的实施细则及过程监控，懂得根据实际情况进行调整。二是要做好充分评估，包括对现有资源的评估、管理人员素质及能力评估、管理制度及管理手段的评估、师生阅读现状以及校园读书氛围的评估等，如果不具备一定条件，盲目地进行"微图书馆"建设，最终会惨淡收场。三是"微图书馆"只是图书馆的一项服务创新，"微图书馆"建设得好坏是与图书馆整体服务水平、阅读推广息息相关的。"微图书馆"作为新事物，需要做好长期宣传推广的准备。例如，可考虑使用宣传海报、宣传橱窗、网站、广播、微博、微信、校讯通等多种手段进行宣传。此外，争取通过课题项目，丰富"微图书馆"理论，提升"微图书馆"地位。当然，学校图书馆如果可以借助公共图书馆、少年儿童图书馆等社会阅读机构的力量，得到图书资源以及专业管理等的帮助，那么"微图书馆"和班级图书角或许只存在表述上、操作上的区别。把书香班级与书香校园建设纳入书香社区、书香城市的建设体系之中，将是未成年人的福音，有助于进一步推动未成年人的阅读服务。

参考文献：

[1] 张舒. "微时代"的"微××"词语 [J]. 咬文嚼字，2014（3）：36-37.

[2] 文安强. 建立和完善高中班级图书角之我见 [J]. 广东教育（综合版），2010（12）：30-31.

新高考形势下中小学图书馆的机遇和挑战①

近两年，高考的深化改革不断要求学生加强阅读。语文阅读从30分增加至50分，卷面字数从7000字增加到9000字，以至1万字，阅读文本的类型涉及哲学、历史、科技、应用、文学等各种类型，着重考查学生阅读的快与准的能力。不只是语文试卷增加了阅读量，其他科目也在增加，原来所有的考题题面可能只有2000多字，但以后的题面阅读量也许会有5000多字，甚至更多。学生阅读水平欠佳，其做题速度、理解水平等都会受到很大影响。教育部门旨在通过高考撬动教育改革，推动学生阅读，引导发展素质教育，改变某些学校和学生靠刷题拿高分的现状。着重通过考试检验学生知识面的宽广度和知识体系的健全性，考查学生综合运用所学知识分析问题和解决问题的能力。提高学生阅读速度和阅读理解力，是当前教育的重中之重。

一、中小学图书馆面临的机遇

（一）改革要求中小学生必须阅读

为了迎接新高考，从教育部门到学校、从小学到初中，都在要求加强学生阅读能力。例如珠海市教育局指定小学和初中学生每学期必读两本课外书，期末语文考试的附加题会考查这些课外书的内容。除了教育局布置的必读书目，珠海市中小学校的语文教师都会在寒暑假和学期初列出必读与选读书单。中小学图书馆作为中小学校的文献资源中心，配合教育改革，推动阅读，责无旁贷。

（二）新课程方案要求提供足够的图书资料

高考改革必定伴随着课程改革，教育部制定的《普通高中课程方案和课程标准（2017年版）》要求普通高中课程由必修、选择性必修、选修三类课程构成；要求根据课程实施需要，提供足够的图书资料，合理核定经费投入标准，建立稳定的经费保障机制；要求探索建立行政班和教学班并存等多种教学组织形式。实施走班制教学必定存在学生选课的空档期，高中在校学生客观上可利用图书馆的时间增加了。

---

① 该论文由麦彩云撰写，原载于《图书馆工作与研究》2019年第1期。

（三）国家推行全民阅读

为了提高国民素质，近年来国家大力提倡全民阅读。中小学时期是养成终生阅读习惯的最关键时期，加强中小学生阅读，是改善我国国民阅读状况最重要的基础。在政府部门、学校图书馆和阅读机构的组织推动下，越来越多的中小学校开始举办形式多样、内容丰富的读书活动。中小学图书馆工作人员应把握好国家推进全民阅读的契机，和阅读机构合作，做好全民阅读的中小学校园阅读推介工作。

（四）学生家庭重视阅读

越来越多的学生家庭认识到阅读对孩子的重要性，从近年来亲子阅读的火爆和童书的畅销中可见一斑。家长想方设法培养孩子的阅读兴趣，如参加阅读活动、组织家庭读书会、亲子共读等。笔者身边一些家有学童的同事，常在微信群里交流和分享孩子的读书情况，用餐时也常聊起这个话题。

二、中小学图书馆的挑战

（一）传统观念有待转变

虽然阅读的重要性被越来越多的教师和家长所认同，但在传统观念里，中小学图书馆是学校里可有可无的摆设，至今很多小学都没有单独设立图书馆（室）。一些学校管理者否定对图书馆人才、设备和资源的引进，一些图书馆工作人员也没能认清自己肩负的责任，转变人们对中小学图书馆的观念非一朝一夕可以实现的。

（二）中小学图书馆人才缺乏

由于观念的影响，中小学图书馆历来是安置学校临退休人员、身体状况欠佳人员的场所，对口专业毕业的馆员少之又少。以广东珠海为例，笔者对全市129所中小学图书馆（室）人员配置情况进行了调查，图书馆学情报学专业毕业生只有12人，小学图书室甚至1名专职人员也没有，大部分由学科教师兼职。一支由老弱病残孕人员组成的中小学图书馆员队伍不能关注到各种技术和理念的变化，难以适应图书馆职能的变化，甚至连常规的工作都难以开展，更遑论开展新的业务。

2018年珠海市中小学图书馆（室）人员配置情况

	高中	职中	初中	小学	合计
图书馆（室）数量	10	2	31	86	129
图书馆（室）专职人员数量	31	8	23	5	67
图书馆（室）兼职人数数量	2	2	12	81	97
图书情报专业人员数量	8	3	1	0	12

（三）中小学图书馆发展极不均衡

中小学图书馆在各地区和学校发展不均衡，经济发达地区比经济落后地区的中小学图书馆建设好，示范学校比一般学校建设好。一些学校图书馆拥有素质较高的馆员，经费相对充足，馆藏资源能及时补充更新，吸引师生到馆借阅，图书馆办得有声有色，阅读推广活动搞得红红火火；一些图书馆经费欠缺，人手欠缺，资源老旧，门可罗雀。

三、中小学图书馆应采取的方法措施

在新高考普遍要求学生阅读能力提高的形势下，中小学图书馆如何把握机遇，克服困难，迎接挑战，充分发挥图书馆的作用，使图书馆成为素质教育的参与者，值得图书馆人去深入研究，以下是笔者的一些探索和思考：

（一）制定馆藏发展政策，丰富馆藏资源

馆藏发展政策是图书馆在很长一段时间里进行文献资源建设的具体策略和纲领性规范文件，也是图书馆进行馆藏资源建设的依据与指导方案。我国台湾地区较早引入美国的馆藏发展政策，以法律规范条文的形式明确了各类图书馆均应制定相应的馆藏发展政策，并为政策制定提供了诸多可以直接参考的原则性和定量化标准，使台湾地区大部分图书馆意识到了馆藏发展政策的重要性。大陆地区中小学图书馆可借鉴台湾地区图书馆的经验，制定馆藏发展政策，就图书馆目标与任务、馆藏范围、采访原则、书刊淘汰原则和标准、馆藏成长、选书工具、资源荐购、馆藏盘点等项目形成校内政策，以供不同图书馆工作人员进行馆藏资源建设参考。现阶段大陆中小学图书馆制定馆藏发展政策可以以2015年教育部、文化部（现为文化和旅游部）和国家新闻出版广电总局（现为国家广播电视总局）三部门联合印发的《关于加强新时期中小学图书馆建设与应用工作的意见》为依据。该意见对新时期中小学图书馆的发展定位进行了明确，要求根据推荐目录选配图书，确保馆藏资源质量，结合实际合理确定复本量标准及馆藏定向补充和剔旧原则，制订增剔工作计划。

据了解，目前大部分中小学图书馆并没有把教育部指导编制的《全国中小学图书馆（室）推荐书目》作为馆藏采购的主要参考依据。笔者在2016年《全国中小学图书馆（室）推荐书目》中查找2015年的各种榜单好书，只能找到5种书，见下表。推荐书目绝大部分是系列丛书和名著，书目中的名著很少有权威大社版本，系列丛书很多是由二三流出版社组织编写的，这些图书在编写、排版、装帧、印刷方面都很低质，错漏之处不少，会明显降低阅读体验。试问这样的推荐书目怎么会受到采购人和读者的认同？各种中外古典名著都是进入公共版权的图书，任何出版社都可以出版，图书馆的馆藏图书应选择口碑好、优秀出版社的作品。

2016年全国中小学图书馆（室）推荐书目与2015年度好书榜的匹配情况

匹配数量　　　　　推荐书目 年度好书榜	2016年全国中小学图书馆（室）推荐书目（4663种）
2015年新浪中国好书榜30本候选书	1
中央电视台2015年中国年度好书（23本）	0
新京报2015年度好书120本入围书单	3
中华读书报2015年十大好书	0
凤凰读书2015年度优秀小说30种	0
南方都市报2015年度十大好书	0
中国新闻出版广电报年度20种好书	1

（二）合理科学甄选文献，严把校园图书质量关

如今小学校园里公共图书角、班级图书角、流动书车随处可见，但图书的质量却参差不齐，很多图书是由学校和班级发动学生捐赠而来的。小学班级图书角一般由学生管理，小学生甄别图书的能力很弱，对一些含有暴力、黄色内容的捐赠图书未能及时识别。小学图书馆工作人员应主动承担检查校内图书角图书的工作，以保证校园阅读的健康。

负责中小学图书馆图书采购的工作人员应认识到图书对学生的重要影响，认真甄选每一种馆藏图书。小学阶段的馆藏图书要能符合小学生的阅读趣味，旨在培养学生阅读兴趣；初中阶段的馆藏图书要能拓展学生的阅读范围，扩大其视野；高中阶段的学生对书籍内容的广度和深度以及思想性、时效性的要求在逐步提高，馆藏图书内容必须有态度、深度和温度，能培养学生的阅读鉴赏和评价能力，引导学生形成正确的价值观。为了配合新课程改革，图书馆还应密切关注学校课程的开设，主动和授课教师沟通，动态调整馆藏策略，及时补充相关图书资料。

对图书质量和内容的把控要求图书馆工作人员关注图书评论，了解图书，广泛阅读。图书馆工作人员需要花大量时间和精力了解服务对象阅读范围内的文献资料。但个人的力量毕竟有限，因此同一学段的中小学图书馆可以联合起来制定馆藏图书核心书目，分享购书书目和好书推荐资料，互帮互助，共同为建设中小学图书馆高质量馆藏而努力。

（三）创设青少年喜闻乐见的阅读推广方式

趣味、共同参与、动态可设计、分享交流是图书馆在对青少年进行阅读服务时经常考虑的因素。国内很多高校图书馆以微电影的方式宣传图书馆、推荐图书，国外图书馆利用游戏方式激发青少年的阅读兴趣，引导青少年走进多彩的阅读世界，这些都已成为有效的阅读服务方式，值得国内中小学图书馆人去实践。

在人力资源缺乏的情况下，也可尝试和社会上的阅读服务机构或阅读平台合作，引入阅读服务机构的阅读项目，利用阅读平台的丰富资源。阅读平台具有书目推荐、专家分级阅读指导、阅读分享、阅读评价、阅读数据统计等功能，集阅读资源、阅读交流、阅读评价于一体。中小学生喜欢在网上交流，线上读书平台可以更好地激发他们的阅读兴趣，让他们在交流中深化阅读感受。且读书平台资源更新及时，不受复本限制，可作为馆藏图书的有益补充。广东省教育厅自2016学年度起，利用"悦叮网"线上读书平台开展创建"书香校园"——线上读书系列活动，活动内容有读好书、写读后感、名家进校园、建特色阅读空间等。名家进校园活动尤其受到学生的欢迎，康震、安武林等众多作家、学者先后通过用户预约走进中小学校园。中小学图书馆还可以利用线上平台的数据掌握学生的读书情况，为购买馆藏图书和开展阅读指导做参考。但是"悦叮网"没有阅读评价功能，构建一个科学的青少年阅读评价体系不仅有助于图书馆积极制定青少年的阅读推广策略，有助于出版机构通过评价结果，调整青少年读物的主题、提升读物质量，还可以帮助家长了解自己孩子的阅读现状，配合学校、图书馆等积极引导青少年阅读，发挥关键作用。

（四）在图书馆开设阅读课

在2017年的全国政协会议上，全民阅读倡导者聂震宁上交了一份《我国中小学设立阅读课的建议》提案，得到许多委员的支持。聂震宁提出，目前在中小学教育课程中，尚未设立关于阅读方法和阅读实践的教学课程。目前仅有的一些阅读教学，只是依附在语文教学过程中，可阅读也是学习其他课程的基本手段。所以，阅读方法是学生开展所有阅读时都应当掌握的，学生的阅读实践应当逐步扩大到语文课外阅读书目之外的各类学科。目前开展的语文教学以及校园阅读活动，还没有给学生传授有关阅读方法的知识，组织开展阅读倘若局限在与语文教学相关的书目，也不能称为是增强学生综合素质的阅读活动。

只有图书馆才具有收藏各科多种文献的能力，所以在图书馆开设阅读课最能满足学生全面阅读的要求。笔者所在学校本学期就要求图书馆开设主题阅读校本课程，但因为笔者及其他图书馆同事均不具备引导学生阅读的能力和素质，只能推脱掉。显然目前绝大部分中小学图书馆工作人员并不具备指导学生阅读方法和阅读实践的能力，一些资源平台推出了名家名师线上阅读课，中小学图书馆可购买这些线上阅读课供全校学生使用。同时，中小学图书馆要引入和培养阅读指导专业人才，为将来由图书馆员主持和指导学生阅读课做准备。

（五）做好阅读与成绩关系分析

升学成绩是评价一所学校办学质量的硬指标，中小学图书馆要做好阅读与成绩的关系分析，摆出确切的数据，证明阅读与成绩的正比关系。比如，广东广雅中学图书馆自2010年起，为了检测学生阅读与学习成绩的关系，每年调查高中三年借阅量前100名的毕业学生的阅读与高考成绩之间的关系，除了2016年，其余7年文、理两个科别的学生考上重点大学的比例均高出全校相应科别平均水平。这有力地证明了阅读能提高学习成绩，阅读就是学习。高考改革之前尚且如此，新高考阅读量增加，阅读对成绩的影响将会更加明显。

（六）筹办读书会促进阅读

社会的干扰增加，人们的时间被碎片化，中小学教师读书量越来越少。古人云："三天不读书，则面目可憎。"走班制教学对教师授课质量的要求提高了，教师需要坚持阅读、博览群书，使自己视野开阔，跟上时代发展，提高课堂质量。读书需要互相触动、互相交流、互相给力，文人结伴读书古而有之，读书会就是阅读长跑中的加油站。中小学图书馆可以积极牵头筹办读书会，为读书会提供阅读图书，促进教师阅读。

中小学图书馆还可以以读书会工具包的形式支持班级读书会。读书会工具包除包含一定数量的图书复本，还包含其他资料和物品，如音像资料、容纳图书资料的手提包、讨论中需要的其他资料（图书和作者信息、讨论的问题、图书评论和阅读推荐等）以及借阅和评价表格等。这些在阅读和讨论时需要的资料，以打包的方式构成读书会工具包。小学生尤其需要由教师布置任务，得到教师的鼓励，阅读也是如此。有些小学班级已经在语文教师的带领下成立了读书会，制订学期读书计划，设立读书目标，建立学生阅读档案，举行了好书推荐、图书交换、师生共读等活动。

（七）搭建校园阅读与社会阅读的桥梁

中小学阶段是阅读习惯养成的关键时期，社会和家庭都很重视中小学生的阅读，珠海很多社区都设立了图书室和活动室，社区的孩子放学后可到社区阅读和做作业。现在图书越来越贵，学校图书馆可与附近社区合作，互相集体借阅，以增加阅读资源。学校图书馆常把一些无须装订的休闲娱乐性杂志赠予周边社区，每年读书节活动结束后，主动与社区联系，在社区展出读书节成果，共享活动资源，共同促进孩子阅读。

（八）提高中小学图书馆工作人员的素养

中小学图书馆员是中小学图书馆的灵魂，是中小学图书馆建设的重要战略资源，更是中小学图书馆实现价值的核心。没有一支专业且高素质的馆员队伍，很多工作都将难以开展。建设高质量馆藏、阅读推广、阅读指导等工作都需要馆员具备较高的阅读素养。阅读必须从馆员做起，只有熟悉馆藏、博观约取，才能正确引导读者在全社会阅读的大潮中校准航向；为了跟上时代的发展，满足工作的需要，中小学图书馆工作人员必须积极主动创造机会参加培训，接受理论指导，勤于思考，勇于实践，在实践中修炼自身素质，提升自己的阅读素养。

四、结语

中小学图书馆能更好地为中小学生阅读和全民阅读服务，除了中小学图书馆工作人员自身的不懈努力，更需要上级部门的政策支持。建议我国探索制定为青少年阅读服务的完整框架体系，推出科学的阅读评价体系，制定阅读法案，帮助青少年阅读；尽早制定《中小学图书馆法》，用法律保障中小学图书馆的发展；组织专业力量遴选中小学图书馆核心书目，帮助中小学图书馆进行馆藏资源建设。目前《全国中小学图书馆（室）推荐书目》是由出版社送审书目，教育部委托教育装备行业协会组织专家评审的制作方式的，可尝试改为专家从图书市场遴选图书形成核心书目，专家可由学者、阅读达人、教师代表、学生代表、家长代表等组成。

参考文献：

［1］张秋.台湾地区图书馆馆藏发展政策实践研究［J］.图书情报工作，2004，48（4）：19-23.

［2］张新兴，肖希明.台湾地区大学图书馆馆藏发展政策研究［J］.大学图书馆学报，2011，29（2）：49-55.

［3］张新兴.台湾地区公共图书馆馆藏发展政策研究［J］.图书馆建设，2011（3）：19-22.

［4］周云熠."书香江苏"环境下青少年阅读服务框架研究［J］.图书馆工作与研究，2016（11）：110-112.

［5］谢晗.中学生阅读推广探究［J］.图书馆论坛，2011（4）：123-125.

［6］向剑勤.美国公共图书馆读书会工具包服务［J］.图书馆论坛，2016（6）：149-156.

［7］张晓梅，林秀燕，杨江.中小学图书馆员现状及其培训思考［J］.福建基础教育研究，2016（4）：37-39.

［8］吕健."馆员书评"：新阅读时代阅读推广的有效助推器——大连图书馆"馆员书评"实证研究［J］.图书馆工作与研究，2014（7）：91-93.

［9］李英，李晋瑞，梁玉芳.阅读推广深化与馆员阅读素养提升浅论［J］.图书馆工作与研究，2017（12）：102-104.

中小学图书馆馆藏资源建设存在问题及对策①

——以珠海市为例

学校图书馆是中小学校的文献信息中心，是学校教育教学和教育科学研究的重要场所，是学校文化建设和课程资源建设的重要载体，是促进学生全面发展和推动教师专业成长的重要平台。馆藏资源（包括纸质资源、数字资源）是图书馆开展服务的基础，有学者比较了2003年教育部发布的《中小学图书馆（室）规程》（以下简称《规程》）和2018年修订版的《中小学图书馆（室）规程》（以下简称新《规程》），发现教育行政部门对中小学图书馆的办馆质量、效益，特别是对馆藏资源质量和服务水平已有一定的关注和要求。本课题组通过网络问卷和实地调研对珠海市42所中小学图书馆馆藏资源建设展开了调查，总结存在问题，提出解决对策。

一、珠海市中小学图书馆馆藏资源建设存在的问题

（一）生均图书拥有量较少

被调查的15所初中有7所图书馆生均藏书量达到新《规程》规定的35册，9所普通高中仅有1所图书馆生均藏书量达到新《规程》规定的45册，14所小学有2所图书馆生均藏书量达到新《规程》规定的25册，4所职业中学没有1所图书馆达标，生均图书拥有量远远不足。

各学段学校藏书与新《规程》标准对照表

学段	数量	平均每馆藏书量（册）	生均藏书量（册/生）	新《规程》规定生均藏书量（册/生）	生均藏书量达标学校（所）
小学	14	33773	17.2	25	2
初中	15	53488	36.8	35	7
普通高中	9	61763	28.2	45	1

① 该论文由麦彩云撰写，原载于《中国现代教育装备》。

续　表

学段	数量	平均每馆藏书量（册）	生均藏书量（册/生）	新《规程》规定生均藏书量（册/生）	生均藏书量达标学校（所）
职业中学	4	83952	19.8	45	0
合计	42	52482	28.4		10

（二）缺少馆藏发展规划

图书馆馆藏发展规划包括馆藏资源的中长期建设目标、各种载体资源的比例、各大部类文献的入藏比例、各类别文献的收藏深度、特色馆藏建设等，是图书馆馆藏资源建设的方向性制度保障。新《规程》第三章图书配备与馆藏文献信息建设的第一条要求学校图书馆根据发展目标，以师生需求为导向，统筹纸质资源、数字资源和其他载体资源，制定图书配备与其他馆藏文献信息建设发展规划。在被调查的42所学校中，只有15所有馆藏发展规划，占比35.71%。在进一步询问具体的馆藏规划时，只有两所学校提到馆藏数量发展目标和提高A类、自然科学类图书的入藏比例，其余回答文本均为无效作答。可见珠海市绝大部分中小学图书馆管理员不了解馆藏发展规划，没有认识到馆藏发展规划对馆藏资源建设的意义，馆藏资源建设存在盲目性和随意性。在实地调研中，笔者发现只有珠海市第一中学把图书馆馆藏发展规划作为制度张贴在图书馆墙上。

（三）馆藏比例不合理

早在2003年的《规程》中就提出五大部类的藏书比例，新《规程》中的有关比例没有发生变化。15所（初中7所，高中8所）填写了馆藏比例的学校中，只有1所学校（初中6所）较接近标准，14所学校均是第三部类（社会科学图书），远超新《规程》标准，第四部类（自然科学）则远低于新《规程》标准。甚至有的图书馆（高中7所）第三部类图书比例超过80%，有的图书馆（高中5所）第四部类图书比例只有4.24%，跟新《规程》建议的馆藏比例严重偏离（见下表）。除了15份有效答案，其余的填写了"第三大类""不知道"等无效答案，可见珠海市大部分学校图书馆管理员，尤其是小学图书管理员不清楚馆藏比例的含义，或不会使用图书管理系统统计藏书比例，控制馆藏比例更无从谈起。中小学图书馆馆藏图书采购一般通过书目选购或者现场采选方式进行。大众休闲、文学历史类读物在学校师生中受众较广，书商提供的书目和采选的场所也以这类图书居多，长期下来就造成了第三部类图书占据馆藏绝大部分空间的现状。

珠海市中小学图书馆馆藏比例情况

	第一部类	第二部类	第三部类	第四部类	第五部类
《规程》标准	2%	2%	54%	38%	4%
初中1	2%	6%	78%	9%	5%
初中2	0.28%	6.44%	63.85%	7.6%	21.83%
初中3	0%	3.56%	70.13%	22.77%	3.54%
初中4	3%	8%	76%	9%	4%
初中5	0.3%	9%	79%	8.2%	2.6%
初中6	1.5%	1.5%	55%	39%	3%
初中7	0.4%	2.9%	78%	11%	7.7%
高中1	0.35%	4.75%	73.32%	19.68%	1.31%
高中2	2%	3%	70%	20%	5%
高中3	0.52%	4.98%	77.53%	11.26%	5.73%
高中4	0.16%	4.3%	71.09%	22.34%	2.11%
高中5	0.42%	7.02%	77.45%	4.24%	2.57%
高中6	1.02%	6.84%	68.74%	20.81%	2.08%
高中7	0.2%	6.72%	80.17%	11.97%	0.92%
高中8	0.2%	7.32%	66.2%	23.17	3.11%

（四）经费没有保障

从调查结果看，近年来拨付给学校图书馆购买图书的经费有所增加，特别是新建图书馆，图书采购的经费多达100万元。但很多图书馆（18所学校，占比43%）并非每年都有固定的图书采购经费，即便每年有固定的经费，一般也仅有3万～10万元。以近两年新书平均采购价格45元/册计算，10万元大约能采购2200册图书。珠海的小学和初中每校学生大约有2000人，高中和职业中学每校学生大约有3900人。对于高中和职业中学来说，每年10万元购书经费不能完成新《规程》规定的每年生均新增图书不少于1册的任务。"巧妇难为无米之炊"，经费缺乏制约了中小学图书馆馆藏资源的有序发展。

（五）馆藏资源载体类型单一

复合图书馆的馆藏是手写型、印刷型、缩微型、视听型与电子型、网络型文献的复合，实体文献与虚拟文献的复合，传统书库与数据库的复合。它既有传统的印刷型的书籍、报刊，又有非印刷型的胶卷、磁带、光盘，还有电子文献和网络文献。各类信息资源彼此共存互补，构成了一个统一的整体。目前中小学图书馆馆藏资源载体以传统印刷型书籍和报刊为主，其他载体资源较为少见。一些图书管理员表示，由于学校网络安全要求、对学生的上网行为难以规范管理、学生在校禁止使用手机等原因，学生在校园内无法阅读电子型和网络型文献。受访的中小学图书管理员一致认为，因为使用条件的限制，非纸质载体的馆藏在中小学图书馆用处不大。

二、中小学图书馆馆藏资源建设对策

（一）在出版源头标识适宜青少年阅读的读物

中小学图书馆的主要任务是贯彻党的教育方针，培育社会主义核心价值观，弘扬中华优秀传统文化，促进学生德智体美全面发展；建立健全学校文献信息和服务体系，协助教师开展教学教研活动，指导学生掌握检索与利用文献信息的知识与技能；组织阅读活动，培养学生的阅读兴趣和阅读习惯。学校图书馆馆藏资源建设应紧紧围绕中小学图书馆的主要任务，馆藏资源能对学生的阅读起引领作用，帮助学生在阅读中学会价值澄清，用价值观引领其成长，使其坚定理想信念，厚植爱国主义情怀，加强道德品格修养，丰盈心灵，尊重、吸纳人类文明成果和多元文化，以开放的胸怀热爱世界、关心人类进步。2021年教育部印发的《中小学生课外读物进校园管理办法》要求中小学校课外读物须坚持方向性、全面性、适宜性、多样性、适度性原则。但目前这些原则没有具体的量化指标，难以辨析。中小学图书馆往往只有1～2名管理员，采访时无法做到对目标图书都有所了解，即便是通过网络查询图书的主要内容和评价，对于书中某些地方出现的色情、暴力、意识形态等片段，也不可能百分百查出。学校图书馆图书采购和公共馆有所不同，学校面对的主要读者是未成年人，仅靠自身力量难以达到《中小学生课外读物进校园管理办法》的要求。建议教育部门和出版部门联合，对适宜青少年阅读的读物在出版信息中进行标识，给出权威性的界定，这无疑是控制不适宜图书进入校园的最有效的途径。

（二）校内成立阅读委员会审核馆藏入藏资源

近年来公共图书馆和学校图书馆纷纷推出"你选书，我买单"的采购方式，读者在定点书店或者书展上选购图书，图书馆采购纳入馆藏。这种"所见即所得"的采购方式可以减少馆藏冗余，提升读者满足率、文献流通率、利用率。但是这种方式在中小学图书馆中的适用性有待商榷，学生往往会因为一时的阅读喜好，选择大量的玄幻小说、修真小说、仙侠小说、言情小说等低俗媚俗、格调低下、思想不健康的图书，有悖于《中小学生课外读物进校园管理办法》的规定。在出版信息没有青少年读物标识的情况下，学校是推荐进校园读物（包括馆藏图书）的责任主体。组建阅读委员会，由学校领导、学科教师、图书管理员、家长、学生共同参与，是当前控制非适宜读物进入校园的较为可行的方法。

（三）制定馆藏发展规划以规范馆藏建设

国家已在政策法规层面要求中小学图书馆制定有关文献信息建设的发展规划，新《规程》提出从明确推荐书目、完善图书采购制度、统一藏书量要求、规范图书捐赠四个方面来完善制度建设，确保馆藏图书的质量。国际图联学校图书馆组于2015年发布的《学校图书馆指南（第二版）》中提出：学校图书馆的成功依赖于三个必要条件，即具备专业资格的图书馆员、支持学校课程教学的馆藏、明晰的可持续发展规划。中小学图书馆应切实行动起来，依据新《规程》及省、市图书馆建设标准，结合学校以及图书馆实际，制定符合校情的图书馆发展规划，明确图书馆的发展定位、使命、服务内容以及愿景等，对图书馆的短期、中期以及长期发展计划进行说明。以珠海市第一中学为例，该馆的馆藏发展规划列出了当前馆藏情况与新《规程》主要标准的比较偏差、当前各类型文献馆藏分布、当前图书种类及占比、当前馆藏文献当前深度与预期深度等数据，阐明了馆藏文献收录范围、馆藏特色、经费来源、复本数量确定、馆藏报废标准、文献交换和捐赠途径等。只有以馆藏发展规划为纲，才能有针对性地在将来的馆藏资源建设中逐渐纠正偏离情况。

珠海一中图书馆馆藏与中小学图书馆（室）规程主要标准的比较

	标准	现有数量	比较结果
馆藏图书总量（册）	175500	97810	−77690
生均图书拥有量（册）	45	27.6	−17.4
生均年递增量（册）	1	无	−
报刊种类	120	170	+50
工具书、教学参考书种类	250	365	+115
社会科学类图书占藏书比	54%	73.32%	+19.32%
自然科学类图书占藏书比	38%	19.68%	−18.32%

珠海一中馆藏文献当前深度与预期深度（部分）

大类	图书类别	当前图书种数	当前馆藏深度	预期馆藏深度
B哲学、心理学、宗教	哲学	750	3	3
	思维科学	22	1	2
	逻辑学	16	1	2
	伦理学	613	3	3
	美学	84	2	3
	心理学	941	3	3
	宗教	297	2	2

续 表

大类	图书类别	当前图书种数	当前馆藏深度	预期馆藏深度
G文化、科学、教育、体育	世界各国文化与文化事业	16	1	1
	中国文化与文化事业	39	1	2
	信息与知识传播	163	1	1
	科学、科学研究	83	1	2
	教育学	233	2	3
	思想政治教育、德育	14	1	1

（四）优化和丰富馆藏资源

一些学校图书馆虽然号称有十几万册图书，但复本过多，内容雷同、七拼八凑的成套书、系列书过多，大部分藏书陈旧过时，可读性低。近年来，为了净化学校图书馆藏书，提高学校图书馆的育人功能，各级教育装备研究与发展中心多次组织开展中小学图书馆（室）馆配图书适宜性评价工作，使学校图书馆馆藏图书得到一定的优化。但是因为藏书量不达标或达不到图书固定资产报废要求等原因，很多学校无法把不适宜图书直接剔除。非适宜图书处理要求和固定资产管理要求相悖，建议固定资产管理部门根据相关政策和图书的特性适时修改图书固定资产报废要求。中小学校是中小学图书馆的建设主体，学校在发展理念、校园文化、办学特色、经费投入等方面存在差异，会导致其馆藏建设的方向有所不同，出现多样化、特色化的特点。故中小学图书馆馆藏资源建设要注重挖掘学校特色，参与校本资源的开发和建设，重视对校本资源、特色资源的整理保存。除了纸质图书，还可以收集下载网络信息，将其变成图书馆实体资源，通过长期的积累建设特色馆藏。

（五）建立馆藏图书排架体系以规范图书排架

在评价一个图书馆的信息资源体系时，信息资源的整合化程度和信息资源整合能力是一个关键考察要素。在实地走访中，我们发现部分中小学图书馆书目分类不规范，不符合《中国图书馆分类法》的要求；部分中小学图书馆排架较为混乱。新书编目时，中小学图书馆一般利用套录数据中的分类号，依编目先后顺序保存产生种次号，形成分类号+种次号的索书号。只有几万册书的图书馆，索书号跟拥有几十万册书的图书馆一样长，但书架数量却跟大图书馆相差甚远，只能把不同类目的图书紧架放置，类目后面不能预留空位，导致新书上架时频繁倒架。新《规程》第十八条规定，图书馆应当有明确的馆藏图书排架体系。中小学图书馆要根据馆藏发展规划制定图书排架体系，明确图书分类的依据，确定类目取号的级别，明确丛书、多主题图书、特殊类目图书的类分方法，规范书次号和辅助区分号的使用，使馆内编目工作有据可依、有章可循。珠海市第一中学图书馆采用详细分类、简单取号的办法，将书目数据的分类字段分到最详细级别，索书号中的分类号则根据该类目图书馆藏数量和馆藏规划数量确定取号级别，类目下的图书种类越多，分类级别越细。馆藏图书排架体系还应包括本馆分类类目表，以供参与本馆编目工作的人员使用。

（六）设置学校馆藏资源建设专项经费

中共中央办公厅、国务院办公厅印发的《关于进一步减轻义务教育阶段学生作业负担和校外培训负担的意见》提出学校要充分利用资源优势，有效实施各种课后育人活动，在校内满足学生多样化的学习需求。国家主席习近平在致首届全民阅读大会贺信中指出，阅读是人类获取知识、启智增慧、培养道德的重要途径，可以让人得到思想启发，树立崇高理想，涵养浩然之气。中华民族自古提倡阅读，讲究格物致知、诚意正心，传承中华民族生生不息的精神，塑造中国人民自信自强的品格。习近平希望广大党员、干部带头读书学习，修身养志，增长才干；希望孩子们养成阅读习惯，快乐阅读，健康成长；希望全社会都参与到阅读中来，形成爱读书、读好书、善读书的浓厚氛围。学校图书馆是学校的文献资源中心，与公共图书馆相比，能更好地与学校教育目标相适应、与各学科的教育内容相协调、与家长做好及时沟通，有利于在青少年中开展阅读课程和阅读活动，通过阅读培养学生综合素养。校领导和教育行政部门应切实保障中小学图书馆的资源建设，使中小学图书馆资源建设具有计划性和连续性。建议结合《规程》中生均每年新增图书不少于1册的要求，由教育主管部门拨付学校馆藏图书专项采购经费。

三、结语

由于长期以来的"积贫积弱"，中小学图书馆馆藏资源建设任重道远，需要教育主管部门制定政策法规护航、学校领导重视支持、图书馆落实执行，才能充分发挥中小学图书馆的阅读育人作用。到目前为止，新《规程》没有配套的全国性中小学图书馆建设标准，国家也没有要求制定省、市等地区性的中小学图书馆建设标准。在实际工作中，中小学图书馆仍将因为缺乏具体的建设标准及规范而举步维艰。中小学图书管理员在力所能及的范围内制定馆藏发展规划，建立馆藏图书排架体系，进行图书筛查以优化馆藏就是为将来馆藏资源建设的健康有序发展打好基础。

参考文献：

［1］张文彦. 2003与2018年版《中小学图书馆（室）规程》比较研究［J］. 国家图书馆学刊，2019（1）：37-45.

［2］刘秋林，刘建国.高校复合图书馆馆藏特点及其资源建设策略探讨［J］.现代情报，2006（7）：118-119.

［3］成尚荣.图书馆何以"亲爱"——初论中小学图书馆课程体系的构建［J］.福建教育，2022（2）：23-26.

［4］王鸿飞.《学校图书馆指南（第二版）》对我国中小学图书馆的启示［J］.图书馆理论与实践，2020（5）：52-56.

［5］王鸿飞.《中小学图书馆（室）规程》十五年后的新使命及愿景［J］.图书馆杂志，2020（2）：74-79.

新时代中小学图书馆馆藏资源建设
现状与策略研究①

2017年党的十九大明确指出中国特色社会主义进入了新时代，2035年将实现教育强国远景目标。为贯彻党的十九大精神，更好地服务于新时代人才培养需求，教育部对中小学图书馆制定了详尽的建设指导文件。2018年至2021年，教育部印发了《中小学图书馆（室）规程》（下称《规程》），制定了《中小学图书馆（室）馆配图书审查清查评价标准》（下称《审查标准》）和《中小学生课外读物进校园管理办法》（下称《管理办法》）。在新时代，图书馆作为落实立德树人的育人阵地，在馆藏资源建设方面有新的要求，其核心是要配备政治性、思想性、科学性强的资源，引导中小学生树立正确的历史观、国家观、民族观、文化观，培养能担当民族复兴大任的时代新人。做好学生手中的"盘中餐"成为了图书馆的当务之急。

一、中小学图书馆馆藏资源建设现状

（一）图书采购存在盲目性

1. 采购人员单一

图书馆馆藏资源建设是资源筛选的过程，每年出版的新书种类繁多，但进入图书馆的、适合中小学师生阅读的图书需经过严格筛选。而现实情况是，图书馆缺少专职采购人员，有的由馆员全程负责，有的让学生代表推荐书目，绝大部分学校教师没有参与到采购中。中小学图书馆由于人手紧缺，一般都没有设置专业的采购专员，通常是馆员工作流程全包干，这样的优势是馆员熟悉馆藏情况，劣势是不能全面兼顾师生读者的需求。

2. 缺乏馆藏资源建设发展政策

馆藏发展政策指的是图书馆为实现信息资源建设目标而制定的方针、原则、策略、措施以及对策等，是图书馆科学规划馆藏建设与发展、合理调整馆藏资源结构、获取方式和质量评价标准以及信息资源保障方式、合理安排文献购置经费的基本依据，其目的

---

① 该论文由谢惠华撰写，原载于《中国现代教育装备》。

是建立符合读者需求的馆藏。在美国，截至1993年就已经有高达72%的高校图书馆和78%的公共图书馆制定了馆藏发展和管理政策。中国国家图书馆、厦门大学图书馆、香港大学图书馆、中国科学院国家科学图书馆等近年来也都制定了相关政策。2021年珠海市42所中小学图书馆馆藏调查中，64.29%的图书馆没有馆藏资源建设发展规划。中小学图书馆利用有限的经费建设高质量的适宜性馆藏资源有赖于馆藏资源建设发展政策的广泛实施和推行。

（二）数字馆藏资源薄弱

1. 数字馆藏规模远远小于纸质馆藏

《规程》指出，图书馆藏书类型包括图书、报刊、工具书、教学教参书、教育教学理论书籍和应用型专业书籍；规定了各类型学校的藏书量和藏书分类比例，图书馆（室）每年生均新增（更新）纸质图书应当不少于1本；确保图书馆（室）藏书比例符合《中小学图书馆（室）藏书分类比例表》的要求，藏书量不低于《中小学图书馆（室）藏书量》等。而《规程》没有对数字资源建设的具体的针对性指导，使得长期以来中小学图书馆的数字资源建设规模明显落后于纸质馆藏资源。在2021年珠海市42所中小学图书馆馆藏调查中，只有26.19%的中小学图书馆配有电子图书。

2. 缺少统一的建设标准和规范

《规程》对纸质图书的分类、著录有明确的规定，图书馆在进行图书分类编目时有章可循，能够实现图书在共享时的检索、借阅、传递和大数据分析等。而数字馆藏资源缺少统一的建设标准和规范，为共建共享带来了很大的困难。

3. 专业人员数量不足，专业化程度低

馆藏资源建设的专业人员是馆藏资源建设中最活跃的主导因素，影响一个图书馆的馆藏资源体系的规模标准、布局划分关系到馆藏资源的标准化、科学化和可持续化发展。2017年教育部教育装备研究与发展中心在全国6省169所中小学校开展的调研中显示，有23%的学校没有配备专职的图书馆管理人员，科班出身的馆员在样本中所占比例不足3%。中小学图书馆特别是小学图书馆的管理人员有很多都是由教师兼职的，没有专业管理人员。管理人员专业素质低，专业化服务不足，育人功能未能充分体现。

4. 图书馆各自为政，缺乏共享合作

目前，我国高校图书馆、专业图书馆、公共图书馆已经建立起不少资源和服务的共建共享合作组织、合作机制，如CALIS、中国高校人文社会科学文献中心（CASHL）、NSTL。在世界范围内也有不少这类组织和合作机制，如世界数字图书馆（WDL）、欧洲数字图书馆（Europeana）等。而中小学图书馆馆际间、与公共图书馆和高校图书馆之间的协作内容单一，仅限于展览和单一的读书活动，缺少更深入的专业性合作，如联合采

购、馆际互借、文献传递服务、专业培训的开展与实践等。

对于我国大部分地区来说，中小学图书馆的联盟事业仍处于萌芽状态。目前还没有任何学校开通校际互借。2017年全国中学云图书馆地区联盟在温州市成立，截至目前，已有上千所学校加入云图书馆平台。2017年，京津冀三地教育装备管理部门共同签订了《京津冀三地教育装备领域协同发展战略框架协议》，积极交流三地在中小学图书馆建设中的好经验、好做法。2012年珠海市金湾区教育装备信息中心统一采购了中小学图书馆区域集群（网络化）管理系统，有18所中小学图书馆加入使用。目前这些案例也只限于利用云图书馆构建网络化图书管理系统平台，馆藏资源共建共享、馆际互借、文献传递等因缺乏合作机制而仍然遥不可及。

二、新时代中小学图书馆馆藏资源建设策略

新时代教育部对中小学图书馆馆藏资源建设制定了前所未有的严格标准和准入办法，指明了馆藏资源建设的发展方向。图书馆要依法依规做好馆藏资源建设，为读者提供优质馆藏资源。

（一）制定馆藏发展政策

《审查标准》明确了馆配图书配备标准与审查评价标准。《管理办法》是我国首次出台的课外读物进校园管理规定，除明确了课外读物推荐的五项原则和四条标准外，还列出了不得推荐或选用为中小学生课外读物的12条负面清单。

中小学图书馆（室）馆配图书适宜性评价标准

标准	指标		指标数量（条）
鼓励、支持配备下列类别（类型）（纸质图书）	政治性		2
	思想性		4
	科学性		3
禁止配备类别（类型）（纸质图书）	合法性	版权要求	1
		内容要求	1
		境外图书进口相关要求	1
禁止配备类别（类型）（纸质图书）	适宜性	内容要求	8
		原创性要求	1
		其他要求	2
	可观性	印制要求	4
		复本量要求	1
		呈现方式要求	1

中小学生课外读物推荐原则及标准

	方向性
	全面性
原则	适宜性
	多样性
	适度性
	主题鲜明
	内容积极
基本标准	可读性强
	启智增慧

图书馆应紧紧围绕《规程》《审查标准》和《管理办法》等有关文件提出的馆藏建设原则和标准，以教育部指导编制的各类型推荐目录为重要依据，参照课程方案和课程标准，以基础教育课程改革目标为引领，坚守政治性、思想性、科学性原则，制定适合新时代的馆藏发展政策。馆藏发展政策是合理使用文献购置经费的依据，能够从更长远、更明确、更宏观的角度指导馆藏工作的开展，为师生的全面发展配备适宜性资源，是图书馆可持续发展的重要指标。

（二）明确图书采购依据

《规程》指出，图书馆应当把《中小学图书馆（室）藏书分类比例表》和教育部指导编制的《全国中小学图书馆（室）推荐书目》作为中小学图书馆馆藏建设的主要参考依据。中小学图书馆与大学图书馆因服务对象不同而在馆藏资源建设方面有着明显不同的要求。

1.藏书分类比例表

《规程》中的附表《中小学图书馆（室）藏书分类比例表》将22个基本部类分为五大类，2018年新修订的《规程》保持原来的比例不变，其中第三大类社会科学类建设比例要求为小学64%，中学54%，这是中小学图书馆馆藏资源建设的重点。学校图书馆在制定馆藏发展政策时要特别关注本馆馆藏资源与《规程》要求的比例差异，及时调整和更新采购政策，完善馆藏结构。笔者经过调查发现，珠海市四所市直属高中学校的藏书比例与《规程》的要求有一定的差距。表中4所学校的第三大类藏书比例均已超出《规程》要求的比例，而第一大类和第四大类藏书则远远不达标。图书馆在今后的馆藏建设中要增加比例偏低的图书的采购量，以优化馆藏结构。

珠海市部分高中学校图书馆馆藏比例和《规程》分类比例之对比

主要部类	《规程》	珠海一中	珠海二中	珠海三中	北京师范大学（珠海）附属中学
第一大类A	2%	0.35%	0.52%	0.23%	0.06%
第二大类B	2%	4.8%	4.98%	6.69%	3.83%
第三大类C～K	54%	73.35%	77.53%	79.81%	76.32%
第四大类N～X	38%	19.17%	11.26%	12.34%	17.37%
第五大类Z	4%	0.28%	5.73%	0.93%	2.41%

2. 教育部推荐目录

教育部制定的推荐书目指导学校把好馆藏图书"入口关"，为提高中小学生阅读能力和综合素质提供了很好的指引。以教育部首次发布的《中小学生阅读指导目录（2020年版）》为例，该目录含小学、初中、高中三个学段共300种推荐图书，其中小学110种、初中100种、高中90种，涉及人文社科、文学、自然科学、艺术四个类别。该目录推荐的图书既有政治思想性，又有内容科学性，符合中小学生的成长规律，与课程标准和教材内容联系紧密，能增强学生的学科核心素养并促进课堂教学改革，可作为基础采购对象，且一般不进行剔除。图书馆在确保完成教育部推荐目录图书采购的同时，适当补充了其他经典图书、名家名作、排行榜图书、人物传记及自然科学类图书等，使学生通过阅读落实学科核心素养。

3. 师生阅读需求

中小学图书馆的服务对象主要是教师和学生，馆藏资源应先满足师生的需求。近几年，较多的中小学图书馆面向师生读者开展"你选书，我买单"的图书采购活动，或组织学科教师外出现场采购，或设立学生馆员和学科馆员定期收集师生推荐目录，这些途径能很好地调动师生，使其参与到图书馆资源建设中来，并能有效提高馆藏资源的满足率和利用率。

（三）加强数字馆藏资源建设

《关于加强新时期中小学图书馆建设与应用工作的意见》中第六条强调"各地要将中小学图书馆信息化建设纳入区域和中小学信息化建设整体规划，创造条件积极推进中小学数字图书馆及配套阅览条件建设"。未来，图书馆馆藏要融合实体馆藏和数字馆藏，融合自建资源和外购资源，加强网络平台建设，保证师生能够便捷地获取各类数字资源。

1. 制定统一标准和规范，实现共建共享

教育行政部门制定出台数字资源建设指引和要求，重视数字资源建设，制定统一的建设标准和规范，逐步实现数字资源共享。如各数据库商之间、各图书馆自建数据库等使用统一的建设标准和规范，探索有效的数字资源共享技术，使文字、图片、音频、视频等元数据有互操作性，打破数据库商的垄断局面，降低开发成本和采购成本。数字资源不像纸质资源那样在使用上有时空限制，特别是数据库更容易实现共享，学校图书馆可以设立数字资源建设联盟，制定数据库费用支付方式，分摊数据库采购费用，共享账号和密码，这种方式适合区域性服务战略。

2. 丰富数字工具和智能化手段

随着计算机技术、网络技术和数字化技术在图书馆的广泛应用，图书馆也在数字工具和智能化手段方面得到了提升。一方面是自建和购买电子图书期刊、电子音乐、电子教参、学科资源库和专家视频讲座等数字资源；另一方面是购买电子借阅机、阅读器、平板电脑等智慧化设备，为学生开展数字阅读提供便利。

（四）建立多方合作关系

1. 加强中小学图书馆与公共图书馆合作

《规程》指出，图书馆应当积极与本地公共图书馆，特别是与少年儿童图书馆、高等学校图书馆开展馆际合作，以实现资源共享。中小学图书馆与公共图书馆通过资源共享达到优势互补，提高文献利用率和服务质量，提升合作双方的社会形象，提升读者满意度，最终实现双赢。公共图书馆拥有丰富的馆藏资源，这正是中小学图书馆所需要的；中小学校拥有数量庞大的读者群，这正是公共图书馆所需要的。中小学图书馆与公共图书馆建立区域联盟，实现文献检索、馆际互借、文献传递和大型数据库的共享，进而共同实现育人目标，推进书香社会的建设。

2. 推进中小学图书馆与高校图书馆合作

教育部《关于加强新时期中小学图书馆建设与应用工作的意见》强调要充分利用高等院校图书馆及学术团体、行业组织专业优势，开展形式多样的中小学图书馆专（兼）职管理人员培训。笔者认为，高校既可以对图书馆管理人员开展对口专业培训，又可以对中小学生这一读者团体进行技能培训。这种专业渗透的文化帮扶一方面很好地解决了中小学图书馆管理人员素质参差不齐的弊端；另一方面让读者更早、更好地掌握利用图书馆的能力，为他们适应未来的大学生活和课程学习提供支持。

3. 重视中小学图书馆馆际间合作

长期以来中小学图书馆人手紧缺和专业化程度低，靠单个图书馆的力量很难有大的发展和作为。中小学校基础教育资源相似程度高，应重视校际的长期分工协作，探索数

字资源深度合作，推动校本资源、特色资源以及二次专业文献的共建共享，节约资源和人力成本，打破信息"孤岛"。

（五）加强专业人员队伍建设

《规程》指出，中学图书馆管理人员应有大学本科以上文化程度，小学图书馆管理人员应有大学专科以上文化程度。国家颁布的图书、资料专业职务条例明确规定，要由具有较高水平的馆员、副研究馆员和研究馆员担任选书工作。"坚持正确政治方向，弘扬优秀传统文化，创新服务方式，推动全民阅读"是习近平总书记对新时代图书馆工作的最新定位。时代的发展对馆员提出了新的要求，在馆藏资源审选过程中，图书馆管理人员要有足够的知识储备去应对时代的转变。

1. 有高度的政治思想觉悟和主动服务意识

新时代馆藏资源建设要求将政治性、思想性和科学性相结合，以方向性、全面性、适宜性、多样性和适度性为原则，内容积极，主题鲜明，可读性强，能启智读者的增慧。因此图书馆管理人员要有正确的政治思想觉悟，提高主动服务意识，每年按照《审查标准》对馆藏资源进行定期清查，对一些符合剔除标准的图书不手软，坚持政治立场，营造健康的文化环境。

2. 有扎实的专业技能和计算机技能

新时代要求图书馆管理人员有扎实的专业理论知识，能够对馆藏资源进行整合、提炼、开发，形成二次文献，为教育教学和科研提供权威性的数据。同时，图书馆管理人员还要掌握良好的计算机技能，利用现代化设备实现馆藏资源的数字化、自助化和智慧化。图书馆员既是信息馆员，又是知识馆员和网络馆员，需要具备广博的多学科知识，做好图书馆资源建设工作。

三、结语

在新时代，教育部对中小学图书馆馆藏资源建设越来越重视。在各项政策文件的指导下，从2018年起，全国中小学图书馆通过自查对本馆馆藏资源开展了多次馆配图书适宜性评价工作，建立了健康的馆藏体系。在今后的馆藏资源建设中，要不断提高馆藏资源的质量和适宜性，教育行政部门和图书馆界要联合制定符合新形势、新要求、新任务的馆藏评价机制，以评促建，形成馆藏建设的长效发展机制。

参考文献：

［1］宫昌俊.中小学图书馆建设与阅读推广［M］.北京：朝华出版社，2020：48-52.

［2］刘净净，李书宁.用户驱动的图书馆馆藏建设［M］.北京：国家图书馆出版社，2018：9-70.

［3］陈力.数字时代图书馆的文献信息资源建设［J］.西华大学学报（哲学社会科学版），2020，39（4）：1-12.

［4］刘强，陈晓晨，杜艳，等.中小学图书馆（室）建设与使用现状及改善策略——基于全国169所中小学校的调研［J］.中国教育学刊，2018（2）：57-63.

［5］云珊.后疫情时代中学图书馆区域联盟的发展研究——以京津冀地区图书馆联盟为例［J］.教育与装备研究，2021（5）：16-21.

［6］赵丽霞.中小学图书馆馆藏评价［J］.图书馆论坛，2020，40（5）：108-115.

［7］张珊珊，胡姝，赵丽霞.《中小学生阅读指导目录（2020年版）》特点及使用建议［J］，人民教育，2020（12）：58-59.

［8］谢惠华.论中学图书馆的信息资源建设［J］.情报探索，2006，109（11）：44-46.

［9］林桂清.新时代高校图书馆纸质图书资源建设优化研究［J］.情报探索，2022，292（2）：128-134.

［10］黄杜鹃，何静.读者需求驱动型馆藏资源建设探微［J］.图书馆工作与研究，2017（11）：73-76，82.

［11］沈洪.中小学网络教育资源建设现状和策略研究［J］.图书馆工作与研究，2010（7）：107-109.

［12］黄海荣.新时代高职院校图书馆文献资源建设思考［J］.科技创新导报，2020（12）：242-243.

中小学图书馆建立馆藏图书排架体系方法研究①

——以珠海市第一中学为例

2021年广东省教育装备中心组织的调研组在学校图书馆实地考察中，发现图书资源的科学规范分类方面实际问题很多：书目分类不规范，不符合《中国图书馆分类法》，缺少编目的专门人才，只能使用书商配送的编目数据；书目分类不科学，不能满足中小学生的实际需求，没有针对阅读主题或者学科特点进行分类；部分图书馆排架混乱。大部分中小学依编目先后顺序直接保存产生种次号，形成分类号+种次号的索书号，然后据此排架。随着时间的推移，这种做法产生了一系列的问题，如类目太多，架位有限，只能把不同类目的图书紧架放置，类目后面不能预留空位，导致倒架频繁；索书号太长而无法在书脊上直观显示，影响上架效率，容易导致排架错误。

教育部于2018年5月颁布的《中小学图书馆（室）规程》（下文简称《规程》）规定各类型文献应当按照《中国图书馆分类法》（下文简称《中图法》）进行分类，图书馆应当有明确的馆藏图书排架体系。笔者将图书排架作为关键字在中国知网中共搜索到143篇文章，未发现有系统论述中小学图书馆馆藏图书排架的文章。笔者结合珠海市第一中学图书馆建立馆藏图书排架体系的过程，探讨如何建立馆藏图书排架体系，以期为中小学图书馆建立馆藏图书排架体系提供借鉴。

一、选择分类法版本

图书馆常见的文献排架方法可以归纳为内容排架法和形式排架法。内容排架法是根据文献所阐述的主题和学科范畴进行排架。在内容排架法中，分类排架法是最常用的排架方法，是按文献所阐述的学科门类，依据特定的分类法来组织文献。《规程》规定中小学图书馆应当按照《中图法》进行分类，《中图法》按学科分类，中小学图书馆最好使用分类排架法。分类排架法以分类索书号为组织依据，所以下文所说的排架号也指分

---

① 该论文由麦彩云、谢惠华撰写，原载于《中国现代教育装备》。

类索书号。索书号是每种图书在书库中所处位置的唯一标识，分类索书号由分类号、书次号和辅助区分号组成。

虽然《规程》规定中小学图书馆应当按照《中图法》进行分类，但《中图法》可供不同类型的图书馆依不同的需要使用，不同藏书规模的图书馆对《中图法》的使用程度应该不同。为了方便各类型图书馆的使用，《中图法》同步发行了《中国图书馆分类法·简本》（下文简称《简本》）、《中国图书馆分类法·儿童图书馆、中小学图书馆版》（简称《少图版》）等系列版本，选择哪一种《中图法》版本，分到几级类目是中小学图书馆制定馆藏图书排架体系首先要明确的问题。《简本》的编制原则、体系结构、标记制度以及各版修订的指导思想、原则与《中图法》基本一致。类目级别一般选用《中图法》的3~4级，第五版类目数量为5013条，主要适用于藏书为20万册以下的中小型图书馆，一般为县级图书馆、市区级图书馆和与此规模相近的图书馆对文献的分类排架和编制分类目录的使用。《少图版》主表类级一般控制在四级以下，基本大类及多数二级类的类目体系原则上与《中图法》保持一致。笔者根据儿童馆、中小型馆文献特点，对部分二级类目做了调整，如军事、教育、文学、艺术等，类目体系与《中图法》有较大的差异；考虑到少儿读者的检索习惯，文学类的体系是先理论、作品，然后再按国家区分，与《中图法》先依国家区分，然后再分理论、作品的体系全然不同；对各级各类教育、教学、教材等文献均做分散处理，有关学科，不完全集中在G类。

一般中小学图书馆藏书不会超过20万，理论上用《简本》或《少图版》就能满足类分文献的需要，珠海市第一中学根据馆藏情况采用《中图法》，将其作为分类依据，并制定了《珠海市第一中学图书馆文献编目与加工工作细则》（下文简称《细则》）。

二、确定馆藏比例和馆藏深度

不同的图书馆藏书规模和馆藏比例不同，对同一类型的文献馆藏深度也不同。《规程》附表给出中小学图书馆五大部类藏书比例，各中小学图书馆可以此为依据，根据学校需要和出版市场细分出各类图书的馆藏比例。

馆藏深度指图书馆馆藏在其所覆盖的每一个主题领域内的完整度，是用来揭示和描述一个图书馆的馆藏质量的指标。为了确保学校图书馆馆藏主题收藏不发生严重偏离，珠海市第一中学根据学校教学教研需要制定了学校图书馆馆藏发展规划，拟定馆藏发展目标，确定不同类型和不同类别文献的入藏比例，为全馆213类图书划定了馆藏深度，并将当前馆藏深度和预期馆藏深度作对比（下表），为未来文献的入藏提供了指引。珠海市第一中学图书馆馆藏文献深度以满足本校师生学习、教学为主，兼顾研究和休闲阅读需要，参考台湾地区高中图书馆的做法，分为0级（不收藏）、1级（微量级）、2级（基础级）、3级（教学级）。0级：馆藏不收藏或不在采购范围内；1级：收藏该主题中具有代表性的基础资料，即包含有关该主题的概念、简介内容的核心资料；2级：馆藏中拥有可以清楚介绍、定义及概述该主题的资料，如该主题的基本字词典、百科全书、书目、重要作品及一些代表性的期刊；3级：馆藏足够提供一般的学科知识，可以支持高中课程的教学及研究，满足高中或大学学生最主要的学习需求，包含数量足够的基础书籍、该学科重要著者的著作、重要期刊以及支持课程研究的参考工具书和基本书目、索引等资料。

珠海市第一中学馆藏部分文献当前深度与预期深度（部分）

大类	图书类别	当前图书种数	当前馆藏深度	预期馆藏深度
K历史、地理	历史科习题、试题	252	2	3
	地理科习题、试题	175	2	3
	史学理论	29	1	2
	世界史	325	2	3
	中国史	984	3	3
	其他国家历史	86	1	1
	世界人物传记	198	2	3
	中国人物传记	1521	3	3
	其他国家人物传记	647	2	2
	文物考古	153	1	1
	风俗习惯	106	1	3
	世界地理（含旅游指南）	130	1	2
	中国地理（含旅游指南）	398	2	3
	其他国家地理	139	1	1
	地图	67	1	1

三、确定类目级别

《细则》根据馆藏发展规划和各类目图书的馆藏深度确定了各类图书的取号级别，并以《类目附表》的形式列出。编目时将《类目附表》截取标引分类号的一部分作为排架分类号，即"细分粗排"。例如历史读物《明朝那些事儿》一书，标引分类号是K248.09，若本馆有关明朝历史的馆藏深度为3级，市场上此类图书也很多，明朝这一时间段的历史资料需要进行细分，则排架号保留完整的标引分类号K248.09；若准备收藏明朝历史相关的图书不超过300种，所有有关明朝历史的资料都可以放在一起，则保留四级类目K248；若中国古代史后期图书的馆藏深度为2，这一时期所有图书加起来不超过300种，则保留3级类目K24即可；若整个中国史馆藏深度为1，准备入藏中国史读物不超过500种，则保留2级类目K2即可。简单地说，就是看此主题内图书种数，如量大则再细分，直至子类目包含的图书为300～500种。因为计算机在中小学图书馆已经普及，且使用RFID标签后可以引用架位号对馆藏的物理位置进行精准查询，这种做法不会影响分类检索效果，分类检索时依然以标引分类号为检索点。"细分粗排"的做法既能达到深度揭示文献的要求，同时又能根据图书馆空间科学排架。

四、明确丛书、多主题图书、特殊类目图书的分类方法

丛书、多主题图书有多个标引分类号，如果不加以控制，就会因为编目时间和编目人员的不同造成同一种书的分类不一致，以致排架号不同。

（一）丛书类分

丛书的内容多样，图书馆需要根据本馆需要明确丛书的类分方法，规定何类丛书集中摆放，采取集中分类；何类丛书分散摆放，按内容分散分类；或者规定所有的丛书都集中分类。珠海市第一中学图书馆采用集中和分散相结合的方式对丛书进行分类，对于在同一专门学科，有一定编辑计划且各部分分册有一定顺序的综合性、知识性和科普性的丛书，采用集中分类的方式，如《巴尔扎克全集》《十万个为什么》等；对于整套丛书学科内容相当广泛或每一单本的学科性、技术性较强的丛书，采用分散分类的方式，如《中华经典藏书》《科学探索者》等。

（二）多主题图书类分

具有并列、应用、从属、因果、比较等关系的图书被称为多主题图书。多主题图书的标引分类号往往有多个，采用哪一个标引分类号作为索书号中的分类号，遵循何种规则，需要有明确规定。珠海市第一中学图书馆规定内容涉及两个类目及以上的文献，按本馆使用重点归类摆放，如张德芬的《遇见未知的自己》一书，以小说为体裁、以心灵修行为主题，可以归入小说，也可以归入心理学，中学生更喜欢看小说，所以该书籍摆放在小说类中阅读率会更高。

（三）特殊类目图书类分

有些图书馆会对某些类目图书作出特殊规定，例如类目G63中，是各科教学参考书、试题与题解的类分。珠海市第一中学图书馆收藏此类文献较多，为了使读者可以按科目浏览，同时索书号又不会太长，就把G63类目下各科教学参考书、试题与题解分散到各类中，如将数学教学参考书、试题与题解类分到O12，物理教学参考书、试题和题解类分到O4，化学教学参考书、试题和题解类分到O6，再用总论复分表复分。还设置了数

学、物理、化学、生物类图书藏阅一体区，方便读者到图书馆学习时找到参考书。

五、规范书次号和辅助区分号

大部分图书馆使用种次号作为书次号，种次号一般按图书入藏的顺序自动分配，操作简单，但不能集中同著者的文献，无法进行有针对性的查找，无法反映相同著者不同文献之间的内在联系，所给号码是随机的，无规律可循。为了弥补种次号的缺陷，《细则》规定对某些文献采取人为取号的方法。例如，余秋雨的散文索书号是I267/1，周国平的散文索书号为I267/2，金庸的武侠小说索书号是I247.58/1，古龙的武侠小说索书号为I247.58/2。

在分类号加种次号不能唯一确定一种图书排架位置的情况下，就需要使用辅助区分号。《细则》对辅助区分号的用法做了规范。

（一）同作者同体裁文学作品集中，加"－"区分

编目员处理文学作品，需用作者查重，同作者同体裁的图书采用同一种次号，依入藏顺序在种次号后加"－2、－3……"做区别。如《文化苦旅》是本馆收藏余秋雨的第一种散文著作，索书号为"I267/1"；《千年一叹》是本馆入藏余秋雨的第二种散文著作，索书号为"I267/1－2"；《寻觅中华》是本馆入藏的余秋雨的第十五种散文著作，索书号为"I267/1－15"。如后来又增加了其他版本的《千年一叹》，索书号依次为"I267/1－2*1""I267/1－2*2"；金庸的武侠小说，《书剑恩仇录·上》索书号为"I247.58/1：1"，《书剑恩仇录·下》索书号为"I247.58/1：2"，《碧血剑·上》索书号"I247.58/1－2：1"，《碧血剑·下》索书号为"I247.58/1－2：2"。若有其他版本不分册的《碧血剑》，索书号为"I247.58/1－2*1"；若其他版本的《碧血剑》分为上下册，则索书号为"I247.58/1－2*1：1""I247.58/1－2*1：2"等，以此类推。这种做法可使不同时间入藏的同一类目下同一著者的图书集中起来，但需要在这些类目下预留一定的空位给新书入藏。

（二）传记作品按被传人集中（总传除外），加"－"区分

对同一被传人的传记作品，索书号中的分类号和种次号相同，种次号后加"－2、－3……"做区别，如《周恩来传》《我的伯父周恩来》《百人访谈周恩来》的索书号分别为："K827/38""K827/38－2""K827/38－3"。

（三）不同出版机构出版的同一种书（含译著），按原著集中，加"＊"区分

如图书馆先收藏1999年陕西旅游出版社出版的《平凡的世界》，索书号为"I247.57/45"，后来又先后入藏2006年人民出版社和2009年十月文艺出版社的版本，索书号为"I247.57/45*1""I247.57/45*2"。翻译的著作，出版者或译者不同，按原

著集中，按入藏顺序在种次号后加"＊"区分，如首次入藏的2008年上海文艺出版社的《简·爱》，索书号是"I561/100"，后来入藏的2010年译林版和上海译文版的《简·爱》，索书号分别为"I561/100*1"和"I561/100*2"。此做法使同一种书的所有版本都可以集中摆放，一目了然，方便读者比对借阅。

（四）多卷册书和集中分类的丛书在种次号后加卷册号"："区分

多卷册书和集中分类的丛书用相同的分类号和种次号，在种次号后加卷册号进行区分。编目时需用题名与责任者查重，若查出已有入藏的卷册，按已有的索书号取号，如《红楼梦》上册索书号"I242.4/7：1"，下册索书号"I242.4/7：2"。有些书以前是单卷出版，索书号上没有加卷次号，后来又在单卷的基础上出版续集，需要用题名查出原来的索书号，依此索书号在种次号后加卷册号，原来的索书号可不用修改。如《摆渡人》【英】克莱尔·麦克福尔著，索书号为"I561/200"，《摆渡人2，重返荒原》【英】克莱尔·麦克福尔著，索书号为"I561/200：2"。

（五）同卷分册图书在卷次号后加"．"区分

如基地系列第二部《迈向基地》又分为上、下两册，上册索书号为"I71/99：2.1"，下册索书号为"I71/99：2.2"。一些需要集中处理的教辅用书、配套用书亦用此法集中，如《新概念英语》分为：①英语初阶；②实践与进步；③培养技能；④流利英语。每一册又附有自学导读、练习册、练习详解、听力材料等辅导丛书，《新概念英语1　英语初阶》索书号为"H31/75：1"，《新概念英语自学导读1　英语初阶》索书号为"H31/75：1.1"，《新概念英语练习册1　英语初阶》索书号为"H31/75：1.2"，《新概念英语练习详解1　英语初阶》索书号为"H31/75：1.3"，《新概念英语2　实践与进步》索书号为"H31/75：2"，《新概念英语自学导读2　实践与进步》索书号为"H31/75：2.1"，《新概念英语练习册2　实践与进步》索书号为"H31/75：2.2"，《新概念英语练习详解2　实践与进步》索书号为"H31/75：2.3"，《新概念英语3　培养技能》索书号为"H31/75：3"等，以此类推。听力材料可设置视听室进行存放，索书号单独取号。

（六）不同版本图书加"＝"区分

同一种书的不同版本在原有种次号后加"＝2"（第二版）、"＝5"（第五版）、"＝C"（残本）、"＝S"（缩印版）、"＝T"（通俗本）、"＝X"（修订版）（新一版）、"＝Y"（影印版）、"＝Z"（增订版）、"＝J"（简写本）进行区分。第一次入藏的版本不加版本号，例如，高等教育出版社第2版的《高中数学解题题典》是本馆收藏的该书的第一个版本，索书号为"O12-44/53"，高等教育出版社第3版的《高中数学解题题典》，索取号为"O12-44/53=3"，2版修订版索取号为"O12-44/53=X"，

2版增订版索取号为"O12-44/53=Z";又如本馆已收藏有广州出版社第一版的《碧血剑·上》,索书号为"I247.58/1-2:1",后来又收藏该社第三版的《碧血剑·上》,则索书号为"I247.58/1-2=3:1",若索书号"I247.58/1-2*1:1"是三联版第一版《碧血剑·上》,则该书三联版第二版索书号为"I247.58/1-2*1=2:1"。

六、结语

根据馆藏发展规划选择分类法版本、选择排架方法,根据馆藏深度确定类目取号级别,明确丛书、多主题图书、特殊类目图书的分类方法,规范书次号和辅助区分号的用法,形成馆内文件,使编目加工有据可依、有章可循,这是珠海市第一中学建立馆藏图书排架体系的步骤。将其推广至珠海市其他中学使用,经过实践检验,提高了馆员排架和读者找书效率。很多中小学图书馆缺乏科学组织文献的意识,等到馆藏发展到一定程度,图书重架、乱架严重才不得不重新规划,这时候就需要把所有的馆藏图书下架,修改并打印索书号,再重新排架,工作量无疑非常大。所以在建馆之初,就要做好馆藏规划,建立馆藏排架体系,此乃馆藏资源有序发展的基础。

参考文献:

[1]罗翀,蔡丹.图书馆文献排架体系之比较研究[J].河南图书馆学刊,2009(4):49-52.

[2]图书馆·情报与文献学名词审定委员会.图书馆·情报与文献学名词[M].北京:科学出版社,2019:49.

[3]麦彩云.台湾地区高中图书馆馆藏发展政策及启示[J].图书馆工作与研究,2018(5):83-89.

[4]魏侠.论CNMARC中的690字段和905字段——兼论图书的细分粗排[J].科技情报开发与经济,2008(17):84-86.

[5]徐卫宝.图书分类号不一致问题分析[J].图书情报工作,2009(S1),17-20.

[6]丁凤玲.图书排架方法探究[J].河南图书馆学刊,2008(8):40-42.

[7]郑琳.开架借阅模式下种次号的使用分析[J].图书馆研究与工作,2012(4),46-48.

[8]杨艳红.试论索书号中辅助区分号的取法的实践应用[J].农业图书情报学刊,2006(3):172-175.

[9]朱晓燕,宋登汉.中文图书编目常见错误分析及探讨[J].图书馆杂志,2010(11):26-31.

［10］吴玉珍.合并高校图书馆中文新书索书号取法的实践［J］.科技情报开发与经济，2007（8）：73-74.

［11］蒋婵华.基于维护台账数据分析的索书号编制改善——以上海图书馆为例［J］.图书馆理论与实践，2020（2）：94-97.

［12］樊立娜，张允娜.几种特殊情况下索书号的给定［J］.农业图书情报学刊，2011（10）：102-104.

［13］杨军.论开架图书的索书号外化为排架号——开架图书乱架问题的根本解决路径［J］.图书馆工作与研究，2017（3）：77-81.

图书馆自助化技术应用中的人本主义视角①

——以RFID技术在中学图书馆的运用为例

随着中学图书馆建设迈入"自助化时代"，以RFID（radio frequency identification）为代表的物联网技术和基于此技术的"自助图书馆"等建设模式在部分中学图书馆落地生根。RFID技术以其自身的优越性在中学图书馆的业务管理和读者服务方面发挥着独特的作用。同时，其现有的缺点和应用过程中带来的问题也促使中学图书馆在实际工作中对自助化技术为读者体验和馆员工作带来的利弊得失进行理性思考。

一、RFID技术在图书馆中的应用特点

RFID技术，即无线射频识别技术，是一项非接触的、通过无线电波传递和交换信息的自动识别技术，亦称作电子标签技术。自2006年起，我国的部分高校图书馆和公共图书馆开始引入这项技术，如今在我国已经历了十年的实践探索。RFID技术在图书馆主要应用于自动识别读者身份、图书自助借还、安全防盗监测、图书定位及可视化导航、图书自动分拣、图书盘点及读者借阅信息统计等方面。与传统的条形码标签技术相比，RFID电子标签技术具有无屏障读取、可识别距离远、可重复使用、数据存储量大、耐环境性较高、受方向性影响较小、识别速度快、安全性等方面的优势，自动化程度更高。因此，使用RFID技术可以在很大程度上方便读者查找和借还图书，同时也能使部分图书管理员从流通和典藏业务中解放出来，改变以往图书馆员只会做借借还还工作的刻板印象。

然而，RFID没有完全取代条形码的主要原因在于RFID电子标签技术自身现存的固有缺陷和使用过程中的种种限制性障碍。就RFID电子标签技术本身而言，其稳定性和抗干扰能力有待提升。RFID电子标签与识别设备进行信息交换时，无线电波容易受到金属和人体的干扰或屏蔽，多个RFID电子标签之间可能出现互相干扰的情况，因此可能出现识别不到或识别错误的现象。RFID电子标签附着在图书表面，标签一旦被读者损坏，其安

---

① 该论文由吴梦撰写，原载于《中国现代教育装备》2017年第18期。

全防盗的性能也将受到影响。这些缺陷在实际使用过程中会带来一些问题。另外，RFID技术的使用成本问题、标准化问题、系统集成问题和隐私安全等方面的局限性使得RFID技术在我国图书馆行业的全面推广受到了影响。

二、RFID技术在中学图书馆的适用性

许多中学图书馆跟随部分高校图书馆和公共图书馆的脚步，加快了图书馆自助化建设的进程。有的图书馆进行全部或部分馆藏的RFID电子标签自助化改造，也有很多中学图书馆基于RFID技术建设了24小时自助图书馆等自助服务区域。然而，由于馆藏规模、空间规模、读者数量和借阅量相对有限，绝大多数中学图书馆没有引进自动分拣系统和设备，而是主要利用了图书定位功能、自助借还功能、图书盘点功能，具体如下。

（一）图书定位

基于RFID技术的物理定位功能，使用RFID智能书车对图书进行扫描，使图书与层架标相关联，从而实现图书定位。在此基础上采用OPAC（open public access catalogue）系统可以实现直观导航，以锁定层架标或提供动画指示图的方式显示文献的物理存放位置，指引读者自助查找文献，使读者不再受索书号和传统排架规则的限制，实现辅助寻架。

根据图书定位，图书馆还可以实现快速典藏，根据层架标定位对图书进行归架。同时，图书馆员可以使用手持扫描设备巡架，快速找到错架乱架的文献并及时整架；使用智能书车可以实现图书位置识别，在运送图书的过程中完成图书上架、排架等。

（二）自助借还

自助借还服务是图书馆引进RFID技术的主要目的，现已成为传统图书馆服务功能的有效延伸和拓展。通过自助借还机，中学图书馆的用户可以自主完成图书借阅操作，更加灵活和自由。除了图书借还功能，用户还可以通过自助借还机查询自己的账户信息、已借文献数量和归还日期等。

对于公共图书馆来说，24小时自助图书馆的优势非常明显。这种服务模式一方面可以延长图书馆借阅服务时间，从而增加借阅量，增加服务读者人数，其便利性深受广大用户的欢迎。另一方面，公共图书馆服务的读者人数体量相对庞大，采用自助化服务模式在一定程度上可以提高借阅效率。当然，其前提是有足够的资金支持。

而对于中学图书馆来说，由于其服务群体为中学生和中学教职工，因此"24小时"不间断提供服务的意义相对较小，但仍可以在中午午休、放学后等图书馆主体部分闭馆的时间段内为有需要的读者提供自助服务，成为对传统图书馆服务的有益补充。

（三）图书盘点

在实现图书定位的基础上，图书馆可以通过利用便携式读写器，使传感器采集到的数据与网络数据对接，快速读取文献典藏信息，从而大大简化文献盘点工作。据此原理研制的智能书库的一个重要用途就是图书盘点。采用这种图书盘点方式，可以使传统意义上繁重的馆藏盘点工作日常化。

三、人本主义视角下的RFID技术应用得失

图书馆在引进新技术过程中应当避免"技术至上"主义，本文中的"人本主义"是指图书馆采用技术开展业务管理工作和读者服务工作应当坚持以人为本的理念。其一是以读者为本，即以读者需求、读者体验和读者满意度为本；其二是以馆员为本，即以馆员业务流程、馆员工作效率和馆员自我效能感为本。

（一）因技术优势而"减负"

RFID技术的使用带来了图书馆传统服务模式的转变，其技术优势在一定程度上为广大读者和图书馆员带来了便利。

1. 技术优势为读者提供便利

（1）索书难度降低。传统的索书方式受限于每本图书依据《中国图书馆分类法》进行编目时分配的索书号和据此进行图书排架的排架方式。由于这种方式的专业性较强，社会普及程度相对较低，因此，大多数中学图书馆的读者更习惯于通过浏览书架找到自己想要的书籍，而不习惯根据检索到的索书号进行查找。部分读者即便是根据书名检索到了索书号，也不会根据索书号找书，往往需要摸索很久或求助于图书馆员。因此，用层架标位置提示信息和动画导航图的方式查找图书无疑缩小了读者的查找范围，降低了索书难度。读者只要具备识字看图能力而不需要具备图书馆学专业知识即可"按图索骥"，满足了读者查找图书的易用性需求。

（2）读者自主性加强。基于RFID技术的自助借还服务使读者借还书籍不再依赖于图书馆员，可以随时自主完成。同时，自助借还机的自助借书和还书功能突破了只有馆员在岗才能借还书的时间限制，特别是还书功能，使得读者在闭馆后还书成为可能，满足了读者借还图书时间上的灵活性需求。

（3）借还效率提高。RFID技术具有非接触式自动识别的特点，读者可以通过自助借还机连续识别多本书籍，无须手动扫描，满足了读者借还图书的操作上的便利性需求。

2. 技术优势为馆员提供方便

（1）从图书借还业务中解放。图书借阅是图书馆最核心、最基础的业务之一。在传统的流通服务模式之下，图书借还需要专人值守。读者借阅图书依赖于图书馆员为其办

理借还手续、查询账户信息等。而RFID技术和自助借还机的使用，无疑可以使图书馆考虑减少负责图书流通尤其是图书借还工作的岗位人员数量，使图书馆员将时间和精力投入到其他方面的工作中去，进而提升馆员的自我效能感。

（2）减轻基础业务工作负担。基于RFID技术的图书定位和OPAC系统，读者向图书馆员求助如何索书的咨询量将大大减少。同时，利用图书定位功能，图书馆员可以更加轻松地完成图书归架上架、整理乱架错架和图书盘点等基础性馆藏工作，从而提高其工作效率。

另外，自助借还机的使用通常会引起广泛的关注，增加借阅量，这本身就具有阅读推广的作用，无形中也起到了对图书馆的宣传推广作用。

（二）因技术缺陷而"加压"

由于RFID技术本身的缺点和业务流程重组后的局限性，使用RFID技术也为读者和馆员带来了一定的困扰。

1. 技术缺陷为读者增加困扰

（1）可能存在借还障碍。由于RFID电子标签技术自身的稳定性和抗干扰能力的限制，识别设备在读取RFID电子标签信息时可能出现无法识读、误读或漏读等情况。另外，自助借还机的使用对无线电网络通信和云端信息传递与接收的稳定性提出了较高的要求。受通信环境的影响，自助借还机在使用过程中可能出现信号故障，造成无法正常使用的情况，从而降低用户满意度。

（2）用户体验有待提升。在正常使用的情况下，识读设备对RFID电子标签的信息读取仍然是逐一识读，无法做到理想状态下的多个标签同时一次性读取，读取速度与读者期望的有一定的差距。

2. 技术缺陷为馆员增加负担

（1）图书状况检查和追责受限。读者自助借还服务模式的使用使得图书流通的业务流程发生改变。以往传统的图书借还服务模式中，读者将图书归还时需要由馆员进行还书操作，馆员可以及时看到图书归还时的使用情况，如有无严重破损、有无明显污渍等，并能针对严重损毁图书者进行处罚和教育。采用自助借还服务模式之后，图书归还无须经过馆员，馆员无法及时检查图书使用情况，给相关问题的追责造成一定的困难。

（2）馆员辅助自助借还。因为RFID技术本身的限制，条形码与磁条尚不能退出历史的舞台。馆员一方面要解决用户在自助借还过程中遇到的问题，另一方面要在RFID电子标签出现问题或使用故障的时候按照传统的借还服务模式帮助读者借还书籍。因此，馆员仍然无法完全从借还业务中抽离出来。

四、结语

我国图书馆一直紧跟科技发展的步伐，东莞图书馆馆长李东来曾说："我认为我们行业已经到了完全进入RFID的时间点了。"然而在引进每一项新技术的时候，图书馆界应当首先理性思考技术本身的优势和劣势，避免对高科技产生盲目崇拜和进行跟风利用，切不可为了应用技术而引入新技术。同时，不同的技术在不同类型图书馆中的适用性有所差异，各个图书馆应当根据自身情况，包括馆藏规模和特点、服务对象的需求和特点以及图书馆自身的条件等情况，判断是否适合采用新技术以及如何有选择性和有针对性地利用新技术为图书馆的业务管理和读者工作服务，从整体上提高工作效率和服务效益，提升读者体验和满意度，践行"以人为本"图书馆理念。总体上来说，RFID技术具有条形码和磁条技术所不具备的优点和便捷性功能，以其为代表的物联网技术是今后世界上技术驱动发展的一个重要方向，也是图书馆追赶科技发展潮流、提升发展质量的一大趋势。但是，RFID不是万能的，它现有的劣势和弊端使其在现阶段并不能完全取代条形码和磁条。

中学图书馆应当根据自身情况，在试验中摸索，在中学图书馆界逐步推广，找到适合各馆的功能并加以利用，趋利避害，实现技术与人本的统一，达成成本效益和服务效益最大化。

参考文献：

[1] 许毅，陈建军. RFID原理和应用 [M]. 北京：清华大学出版社，2013：1.

[2] 陈定权，王孟卓. 我国图书馆RFID的十年实践探索（2006~2016）[J]. 图书馆论坛，2016（10）：1.

[3] 宋岩. RFID技术在高校图书馆应用反思 [J]. 图书馆杂志，2016（8）：77.

[4] 甘琳. RFID技术在图书馆的创新应用 [J]. 图书馆论坛，2007（3）：9.

[5] 郭巍. 图书馆RFID在大流通模式下的应用探讨 [J]. 四川图书馆学报，2016（2）：23.

[6] 江波，吴永祥. 图书馆RFID系统建设中的图书定位问题研究 [J]. 现代情报，2015（5）：132.

[7] 杨国栋. 让馆藏盘点常态化：图书馆RFID盘点系统之改进 [J]. 图书馆建设，2014（8）：44.

[8] 顾晓光. 拥书权拜小诸侯——图书馆馆长访谈录 [M]. 北京：海洋出版社，2014：187.

我国中小学图书馆阅读指导课发展路向探析①

  阅读指导课是我国中小学图书馆读者服务中的一项重要工作。回顾历史发展历程，阅读指导课是图书馆发挥教育职能的主要形式之一。现阶段，传统模式下的阅读指导课存在价值模糊、内容僵化等诸多问题，开展效果并不理想，未来发展方向尚不明晰。对此，笔者结合国际上相关先进经验，为阅读指导课进行了重新定位，以求开辟一种以培养学生阅读素养为核心的中学图书馆阅读指导课程创新模式。

一、历史源流

  20世纪80年代，我国中小学图书馆事业基础比较薄弱。在国家有关部门的领导下，各地先后开展了一系列整顿和加强中小学图书馆建设的工作。随着中小学图书馆事业的恢复和发展，20世纪80年代中期，有研究人员借鉴国外研究成果，意识到了应当开设"情报技巧课"培养中小学生的情报意识。1989年1月，国家教委召开了全国中小学图书馆工作会议，发布了《关于中小学图书馆工作的若干规定（讨论稿）》，要求中学图书馆对学生进行阅读辅导，开设"阅读辅导课"。当时有少数学校开设了此类课程，有中学图书馆工作者认为阅读辅导课讲授的内容应该包括工具书的使用、教辅读物阅读辅导、课外读物阅读辅导以及图书馆的利用等。

  20世纪90年代，我国中小学图书馆事业建设的步伐大幅度加快。随着《中小学图书馆（室）规程》的颁布和实施，各地在教育改革的形势下更加关注中小学图书馆的教育功能。《中小学图书馆（室）规程》（以下简称《规程》）第三章第十四条规定："组织形式多样的读书活动，对学生进行课外阅读指导，包括图书和图书馆知识介绍、工具书使用方法、图书的选择和读书方法以及读书卫生知识等方面的指导。有条件的学校可以开阅读指导课并纳入教学计划。"至此，中小学图书馆开设阅读指导课有了政策和法规保障。

  1991年11月27日，首届部分省、市中学图书馆经验交流研讨会在上海举行。会议对

---

① 该论文由吴梦撰写，原载于《新世纪图书馆》2018年第9期。

中学图书馆如何以教育改革为中心，做好管理和服务工作，进一步发挥其教育职能，加强中学生的阅读指导和图书情报知识教育等进行了研讨。此后，"图书情报知识课"受到了广泛关注。从课程内容上来看，图书情报知识课不仅讲授图书和图书馆的有关知识、图书分类知识、目录学知识、工具书等检索工具的使用以及文献检索方法，使学生掌握一定的信息检索技能，同时，还旨在培养和增强学生的情报意识，对学生进行阅读指导。1994年《中小学图书情报世界》创刊后，越来越多的图书馆一线工作者开始在此平台上交流开展图书馆阅读指导课的工作经验。

二、传统路径

（一）现状与问题

在课程开设的可行性方面，虽然有国外先进经验可资借鉴，有教育改革和课程改革的东风可乘。然而，长期以来，我国中小学图书馆的阅读指导类课程没有形成规范、统一的教学大纲，课程名称纷杂不一，出现了"阅读辅导课""图书情报知识课""情报教育课""图书馆知识教育课""图书馆利用教育课""图书馆利用指导课""图书馆技能活动课""阅读指导课"等不同的表述形式，课程本身主要存在以下问题：一是许多学校观念陈旧落后，没有意识到图书馆阅读指导课对学校教育和学生发展的重要性，没有给予足够的支持和配合；二是缺乏系统、完善的教学计划和教材，课程比较零散；三是缺少相对固定的课时，教学活动难以稳定深入地开展；四是部分学校缺乏专职图书馆老师，人员素质参差不齐，整体的专业素质有待提高。

21世纪初，有研究人员指出，在新课程改革背景下，图书馆是重要的课程资源，图书馆员也是一种课程资源，是教育者，是课程改革的参与者、开发者。图书馆既要做好服务工作，也要发挥育人功能。2003年教育部颁布的《中小学图书馆（室）规程（修订）》（以下简称新《规程》）中第三条明确将"指导学生课内外阅读，开展文献检索与利用知识的教育活动"和"培养学生收集、整理资料，利用信息的能力和终身学习的能力"列入中小学图书馆的基本任务，并在第十五条专门规定："……对学生进行课外阅读指导，并开设图书情报教育课、图书和图书馆知识介绍、工具书使用方法、图书的选择和读书及读书卫生知识等方面的指导。学校应开设阅读指导课并纳入教学计划，有条件的学校要开设电子阅览指导课……"

与修订前的《规程》相比，新《规程》在这方面的修订变化明显，其中一项重要的修订内容是将开设图书情报教育课、阅读指导课并纳入学校教学计划作为所有中小学图书馆都应该贯彻实施的职责，不再只是部分有条件的中小学图书馆才开展的工作。这体现了随着我国中小学办学条件和中小学图书馆建设整体水平的提高以及教育改革的不断推进，在全面推进课程改革和深入开展素质教育的新时期，中小学图书馆以开设课程的形式对学生进行图书情报教育和阅读指导应当成为一项普遍、长期和常态化的基础性工作。然而，略显遗憾的是，新《规程》并没有对图书情报教育和阅读指导的内容进行明确界定，二者的联系和区别显得十分模糊。

另外，新《规程》虽然要求中小学图书馆开设图书情报教育课、阅读指导课，但从国家层面来看，相关部门并没有出台相应的文件将此类课程纳入到国家课程计划中，在国家课程纲要等文件中找不到中小学图书情报教育课或阅读指导课的身影，此类课程在我国课程中仍然处于没有实质性"名分"的尴尬地位。因此，各地中小学图书馆难免出现贯彻不力的情况。一些积极开展有关课程的中小学图书馆也因为缺乏国家统一制定的课程目标、课程内容和教材而无法做到课程实施的标准化和规范化，课程的系统性、逻辑性和科学性在不同程度上有待提升，存在一定的盲目性和随意性；课程质量往往受到各个学校的课程理念、教学资源和图书馆员专业素质等因素的影响而参差不齐，课程效果难以保证。

（二）课程之辨

王京山等人认为，图书情报教育实质上就是图书馆利用教育。图书馆利用教育是指图书馆为了帮助读者利用图书馆提供的各种服务及各种不同类型的馆藏资料的特有的推广活动，也叫图书馆指导。图书馆通过自行制定一套完整的规则与计划，包括对馆藏资料的性质及存放种类的初步认识、参考工具书的利用以及信息素养能力培养，帮助读者认识各种不同资源，提高馆藏的使用率。王景明等人认为，图书馆利用教育是指对读者进行有关利用图书馆和文献检索等方面的图书馆基础知识教育，旨在培养学生自觉利用图书馆进行学习、工作的能力。

图书馆利用教育的重要性不言而喻。它是青少年未来进入大学接受高等教育和走向社会生活，具备一定的信息查找、获取、利用和阅读能力与素养，从而更好地实现个人终身发展的基础。图书馆利用教育应当从中小学阶段抓起理念，在全社会形成广泛共识。因此，有许多学校图书馆以课程的形式对学生进行图书馆利用教育或"图书馆学教育"。

阅读指导，亦作阅读辅导或导读，是读者服务的一项工作，其内涵和外延相对较广。而在我国，图书馆阅读指导课往往指的是中小学图书馆开设的阅读指导课程，是中小学图书馆指导学生课外阅读的基本形式。由于目前尚无全国统一的教学大纲和教材，全国各地阅读指导课程的课程类型、课程内容、教学方式方法和教学侧重点等都不尽相同。因此，一些学校将图书情报教育的内容包含在阅读指导课程中。林运卓认为，图书馆阅读指导课是一种学法指导形式，它通过培养学生获取信息、分析加工信息的能力提高学生的阅读技能，使学生掌握一般的自主学习的能力。

张正和总结了中小学图书馆开设阅读指导课的三种主要形式：一是以图书馆及馆藏文献为平台，学科教师主导式；二是以图书馆文献利用知识为主，图书馆人主导式；三是以馆藏文献为支撑，为研究性学习服务式。除此之外，中小学图书馆的阅读指导课也应当积极寻求突破与创新形式。与时俱进，突破原有的传统服务模式，对在素质教育进程中推动我国中小学图书馆教育职能的全面扩展和深化具有十分重要的积极意义。

三、他山之石：图书馆指导的再定位

（一）《IFLA学校图书馆指南（第二版）》（以下简称《指南》）

2015年6月，国际图联修订通过了《IFLA学校图书馆指南（第二版）》（以下简称《指南》）。其中，《指南》第五章提出学校图书馆应当开展信息素养教学活动，使其掌握媒体和信息技能并提高学生阅读水平。笔者认为，中小学图书馆面向学生开设课程应当定位为帮助学生掌握适应信息社会，更好地实现学生个人目标和终身学习而进行的知识、技能和思想观念教育。其核心教育内容包括两大方面：

一是信息素养教育，旨在培养学生收集、整理和使用各类文献信息资源的信息处理能力，增强其信息意识和信息观念，具体包括图书及图书馆利用知识、文献信息检索知识与技能、多媒体文献信息资源的使用、网络信息资源的利用等。2015年5月20日，由教育部、文化部（现为文化和旅游部）、国家新闻出版广电总局（现为国家广播电视总局）联合印发的《关于加强新时期中小学图书建设与应用工作的意见》（以下简称新《意见》）指出中小学图书馆对提高学生自主学习能力和终身学习能力，促进学生全面发展具有重要作用，是育人阵地和重要课堂。新《意见》将中小学图书馆从传统意义上的"第二课堂"功能更进一步提高到了与学科教学课堂相对等的地位。在发挥育人作用方面，新《意见》要求中小学图书馆"要利用一定课时，培养学生搜集、整理、分析和选择信息资源的能力，提高学生信息素养"。与美国较早制定信息素养标准相比，我国尚缺乏中小学生信息素质教育评价标准，各学校在实际开展过程中仍是各行其是、各自为政。

二是阅读素养教育，旨在使学生掌握面对信息资源和阅读各种类型文本时的信息识别、提取、理解和评价等方面的能力，从而能够有效地利用信息，通过阅读帮助自己更好地参与社会生活，从而达成个人目标，具体包括阅读方法指导、思维训练、阅读能力训练与提升等。美国图书馆协会白皮书曾多次提到学校图书馆在提高学生阅读素养方面的责任和目标。2014年美国图书馆协会白皮书指出："学校图书馆员必须能够教授新的重要的技能，使学生可以评价并理解不同形式呈现的文本，并成为思想的生产者和传播者，而不仅仅是信息的消费者。"2017年美国图书馆协会白皮书中提到，中小学图书馆提供的课程指导能够帮助学生学会评价信息。美国中小学图书馆员协会（AASL）以21世纪学习者的标准呼吁学生应该掌握查询、批判性思考和获取知识的技能。这需要专业的中小学图书馆员通过有关的教学帮助学生习得和发展相关技能。

我国台湾地区中小学生2006年在由国际教育成绩评价协会（IEA）主持的国际阅读素养进展研究项目（PIRLS）中的测试成绩以及在2009年由经济合作与发展组织（OECD）组织的国际学生评估项目（PISA）中的阅读素养测试表现连续为台湾教育主管部门敲响了提高中小学生阅读素养的警钟。在此背景下，台湾正式启动了中小学生"图书阅读推动教师计划"，确立了图书教师制度。此后，对学生进行信息素养教育和阅读指导教学成了中小学图书馆员的重要职责。除了通常意义上的信息素养教育内容，台湾中小学图书馆阅读指导教学不仅参考了国际上阅读素养相关的权威评价体系——PIRLS、PISA项目的相关标准对学生进行了阅读能力测评，还在充分结合上述阅读素养评价项目的基础上进行了本土化改良，制定教学内容，使其教学方案能够适应台湾地区中小学生的实际情况。其阅读指导教学具有教学视野国际化、教学设计本土化、教学方式多元化等特点。

（二）阅读指导课对学生阅读方面产生的影响

于斌斌经研究发现，学校图书馆对学生的影响途径主要是对其在阅读方面的帮助，包括为学生营造阅读氛围，为其进行阅读写作和完成社会实践活动等提供图书资料。笔者认为，中小学图书馆对学生阅读能力的影响和培养途径远不止于此。在全面实施素质教育的背景下，中小学图书馆更应该全面发挥和展现对学生阅读素养的培养价值。

同时，于斌斌也相对客观地指出我国中小学图书馆的被动处境："在素质教育改革进程中，中小学图书馆仅仅被看成是素质教育的保障条件，而非素质教育过程的参与者和推动者。"然而，国外大量研究成果表明，中小学图书馆提供的专业化图书馆服务对学生的学业表现和综合能力，包括学习态度、阅读兴趣、阅读习惯、阅读能力、信息素养等均有显著的正面帮助作用。其中包括由政府部门或行业协会主导开展的调研，也包括由其他研究机构或研究人员个人进行的相关实验和调查研究。由美国教育部主持的多项调研项目结果显示，部分中小学图书馆项目与学生学业表现（阅读测试分数等）之间存在显著的正相关关系。此外，美国学校图书馆协会和美国多个州的教育行政部门、图书馆协会或研究机构也曾进行类似的调查研究。还有研究人员通过对国外中小学图书馆阅读专题学位论文进行定量分析发现，有多篇学位论文研究了中小学图书馆员提供的包括阅读指导在内的服务对学生阅读方面产生的影响。有研究人员通过实验研究发现中小学图书馆阅读指导课对学生改善阅读态度和提高阅读成绩有明显的积极影响。其中，对中学生的影响主要关注的是对提高中学生阅读能力和阅读成绩的积极影响。一些学位论文更是着眼于细微之处，研究图书馆员或媒体专家的指导方式、形式或指导策略对学生阅读的影响。这些研究成果有助于中小学图书馆更好地为学生提供阅读指导服务，不断提高学生的阅读素养。

在我国有关政策和法规文件内容的制约下，中小学图书馆一线工作人员、教育界和图书馆领域有关研究人员乃至全社会在中小学图书馆对学生的影响上认识不足。基于此，我国鲜有针对中小学图书馆展开的以经验数据为支撑的实证研究。

四、创新模式：以阅读素养培养为目标

（一）课程开发设想

笔者认为，中学图书馆阅读指导课程可以尝试开拓出一条以培养学生阅读素养为目标的新路径，通过采用调查研究法、实验法和行动研究法等研究方法，按照"影响因素调查—前测—课程设计—课程实施（实验）—后测—课程有效性评价—二轮开发"等步骤进行课程开发。

在设计课程之前，笔者认为有必要通过问卷调查了解和分析中学生阅读素养的影响因素。此前有研究人员经调查发现，阅读时间不够、阅读方法欠缺、阅读取向单调和阅读训练不足是许多中学生普遍存在的问题。调查结果能够为设计课程方案等后续研究环节提供重要的参考依据。

在调查研究的基础上，课程开发可以参照PISA项目中的阅读素养测评框架下的文本、情境和认知历程三大维度，在试题编制、测试过程和评分标准方面，遵循PISA阅读素养测试的有关原则，并根据实际情况适当地进行局部调整。

根据阅读素养培养目标和笔者前期在所在学校进行的学生阅读素养影响因素调查结果，笔者拟定了阅读指导课的阅读素养培养策略和课程开发模式（见下图）：

阅读素养培养课程开发模式图

如上图所示，以培养阅读素养为目标的阅读指导课程主要包括课程导论、兴趣激发、方法指导、思维训练和能力提升五大板块。笔者认为，根据该模式设计阅读指导课程方案能够有效提升学生阅读素养。

（二）课程特点

该课程突破了传统的阅读指导课程的固有模式，以培养学生的阅读素养为目标和核心，在课程设计和开发方面具有以下特色：

（1）参考国际标准的国际化视野。以国际学生评估项目PISA的阅读素养评价项目为重要依据，参考其对阅读素养的概念界定、内涵阐释、评价框架、题目编制和评分标准体系，有利于使测评具有较高的科学性和规范性，与国际接轨。

（2）结合学生实际的本土化改良。一方面，教学方案以课程导论为起始，有助于帮助学生了解阅读素养和有关的测评项目情况，做好课程准备和铺垫；另一方面，课程设计之前的学生阅读素养影响因素调查和阅读素养水平测试（前测）能够帮助图书馆老师了解学生的"学情"，即了解其阅读素养影响因素和阅读素养现状，从而能够有针对性地设计教学方案和教学内容。

（3）重视阅读"软实力"的培养。虽然阅读测试成绩能够在一定程度上反映学生的阅读素养水平，但是阅读素养不能仅以阅读测试成绩高低作为唯一表征。在素质教育过程中，图书馆阅读指导课更应该在阅读方法上进行有针对性的阅读训练，在增强学生阅读技能的同时，培养学生的阅读兴趣和阅读习惯，并注重锻炼学生与阅读有关的思维能力，从而全面提高学生的阅读素养。

五、结语

长期以来，我国中小学阅读指导课的发展似乎走入了"瓶颈期"，主要表现为教学目标模糊、教学内容僵化、教学模式单一且不成体系。传统的以图书馆利用教育和图书情报知识技能传授为核心的阅读指导课几十年来缺乏全国统一的教学大纲，教学内容没有做到与时俱进。在我国缺乏信息素养教育评价标准的情况下，中小学图书馆利用阅读指导课进行信息素养教育也打破不了各自为政的困境。与此同时，阅读素养教育不失为我国中小学阅读指导课突破传统教学模式的一个新方向。笔者认为，结合国际阅读素养评价标准，开发出符合我国学生实际的阅读素养培养课程，能够充分发挥图书馆阅读指导课的教育功能。笔者希望有更多的研究人员投入到相关的课程开发、课程评价研究中去，做出更加充分的实证研究，为我国中小学图书馆阅读指导课的改革与发展积累实践经验。

参考文献：

［1］刘莹.情报意识的培养应从中小学生抓起［J］.晋图学刊，1986（3）：44.

［2］鲁勇.谈中学图书馆的辅导课［J］.黑龙江图书馆，1989（6）：33–34.

［3］兰家齐，秦黎薇.关于在中学开设"图书情报知识"课的设想［J］.图书馆学刊，1992（5）：48.

［4］陈桂华.对开设阅读指导课意义的粗浅认识［J］.中小学图书情报世界，1997（1）：29–30.

［5］黄天轼，张正和，林运卓.建议在中学中开设"图书情报知识教育"选修课［J］.中小学图书情报世界，1997（3）：24–26.

［6］林运卓.中学图书馆技能活动课的研究与实践［J］.中小学图书情报世界，1997（6）：25–27.

［7］吴希征，杜艳芬.关于在中学开设图书馆教育课的设想［J］.山东图书馆季刊，1998（1）：34–35.

［8］朱平.台北市国民小学图书馆利用教育评介［J］.教育评论，1992（1）：56.

［9］韩绪芹.新课程体系视野中的中小学图书馆［J］.图书馆建设，2003（4）：110–111.

［10］王京山，邢素丽.中小学图书馆读者研究与读者服务［M］.北京：书目文献出版社，1998：157.

［11］丘东江.图书馆学情报学大辞典［M］.北京：海洋出版社，2013：851.

［12］王景明.中小学图书馆建设与管理［M］.北京：北京师范大学出版社，2000：254.

［13］李在东.图书馆教育要从中小学抓起——从大学新生的图书馆教育调查情况谈起［J］.当代图书馆，1998（1）：1–3.

［14］邹琼.中小学生图书馆学教育纵横谈［J］.图书馆，1999（2）：71–72.

［15］王若兰，任芳传，杜堃仓，等.中小学图书馆工作入门［M］.北京：海洋出版社，1997：267–268.

［16］林运卓.图书馆导读工作［M］.呼和浩特：远方出版社，2007：409–410.

［17］张正和.常州市中小学图书馆阅读指导课的探索与实践［J］.中小学图书情报世界，2005（3）：45–46.

［18］邹永利，胡志波.日本中小学图书馆与探究性学习［J］.图书馆论坛，2015（12）：145.

［19］廖兰.《国际图书馆协会联合会学校图书馆指南（第二版）》评介［J］.图书馆论坛，2016（5）：118.

［20］卢章平，吕彬，刘竟，等.图书馆协会.2014美国图书馆协会白皮书［J］.图书情报研究，2014（3）：16.

［21］周同，谢欢，陈铭.台湾图书教师制度回顾及启示［J］.图书馆，2015（11）.

［22］于斌斌.学校图书馆利用对中学生学业表现的影响研究：以XJ中学为例［D］.天津：南开大学，2012：50.

［23］于斌斌.国外中小学图书馆对学生学业表现的影响研究综述［J］.中国图书馆学报，2013（5）.

［24］张文彦，王丽.发达国家图书馆未成年人服务研究综述［J］.图书情报工作，2014（12）：138.

［25］李煜，华薇娜.国外中小学图书馆阅读专题学位论文定量分析［J］.山东图书馆学刊，2009（5）：92-94.

［26］刘宇，张云中，魏瑞斌，等.图书情报学研究进展述评：2010-2013［J］.图书馆杂志，2014（12）：40.

［27］许苑.浅谈如何利用中学图书馆开展阅读辅导［J］.图书与情报，2009（6）：157.

我国中小学图书馆研究综述①

本文采用历史研究法和文献调查法，根据我国中小学图书馆事业发展的现实背景，将1978到2016年中小学图书馆研究领域的理论研究成果分为4个历史阶段加以梳理和分析，阐述各阶段研究主题及研究特点，以期为该领域的后续研究提供参考。

一、我国中小学图书馆研究的四个历史阶段

中小学图书馆领域的有关研究是伴随着中小学图书馆事业的建设和发展而不断前行的。根据我国中小学图书馆事业发展的时代背景因素和有关研究成果的分布特点（见下图），笔者将国内中小学图书馆领域的研究历史分期简述：第一阶段，1978年至20世纪80年代末；第二阶段，20世纪80年代末至90年代末；第三阶段，20世纪90年代末至2008年；第四阶段，2008年至2016年。

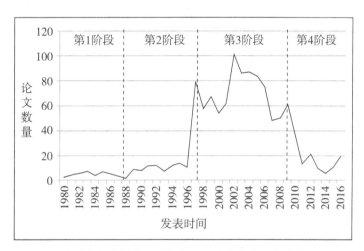

我国中小学图书馆研究领域论文数量变化曲线图

（注：论文数据来源于CNKI知识资源总库，检索主题词为"中小学图书馆"，检索时间范围为1978年至2016年，通过筛选排除实际不相关文献后共得到相关文献1 157篇）

---

① 该论文由吴梦撰写，原载于《图书馆工作与研究》2018年第6期。

（一）研究初创期（第一阶段）

改革开放后，伴随着我国图书馆事业和教育事业的全面恢复和发展，我国中小学图书馆迎来了从停顿到恢复和兴办的春天。1981年5月12日，文化部（现为文化和旅游部）、教育部、共青团中央联合召开了"全国少年儿童图书馆工作座谈会"。这次会议一方面承认了当时中小学图书馆（室）基础十分薄弱的客观事实，同时也对办好中小学图书馆（室）提出了要求。同年6月，教育部批转了《天津市中小学图书馆（室）暂行工作条例》，这是新中国成立后教育部批转的首个中小学图书馆（室）工作方面的章程性文件。随后，部分地方教育管理部门先后制定和颁发了整顿和加强中小学图书馆工作的指导性意见，对提高中小学图书馆事业建设水平起到了一定的促进作用。

然而，客观上看，中小学图书馆事业在当时并没有引起全社会的普遍重视，很多中小学校尚未建立图书馆，已经建立的图书馆也存在着管理体制和制度不健全、观念认识落后、缺乏经费保障、队伍建设水平低等问题。我国以恢复建设为基调的事业初创期涌现出了一些早期研究成果，这段时期为我国中小学图书馆研究初创期。

（二）快速发展期（第二阶段）

1989年1月，国家教委召开了全国中小学图书馆工作会议，这是新中国成立以来召开的第一次全国性中小学图书馆工作会议，标志着我国中小学图书馆事业建设逐步走上正轨。随后，中小学图书馆在国家层面上确立了主管部门和专业组织。1991年8月，国家教委颁发了《中小学图书馆（室）规程》（以下简称《规程》）。这是新中国成立后我国中小学图书馆领域第一部具有法规性质的文件，标志着我国中小学图书馆事业开始走向科学化、规范化。随后，各地掀起了贯彻落实《规程》的热潮，一些省、市结合本地实际，制定和出台了相关的规章或规程性文件、发展规划以及《规程》实施细则等，明确了中小学图书馆（室）的工作标准和具体任务，并通过采取阶段性评估验收等措施推动了中小学图书馆事业的全面高速发展和规范建设。

在我国中小学图书馆事业蓬勃发展的大环境下，全国的一线工作者迫切需要一个交流工作理念、分享工作经验、探讨中小学图书馆事业发展方向的平台。1994年《中小学图书情报世界》创刊，随后，中小学图书馆有关研究论文大幅度增加。

（三）变革转型期（第三阶段）

20世纪90年代末期，在现代信息技术的发展和我国科教兴国战略的驱动下，中小学图书馆迎来了前所未有的机遇和挑战。中小学图书馆事业开始迈向现代化建设道路。信息时代不仅要求中小学图书馆走信息化、自动化道路，还提出了数字化、网络化等资源利用和服务方式方面的更高层次的要求。伴随着我国基础教育从"应试教育"向"素质教育"转轨，中小学图书馆开始由封闭走向开放。

2003年3月，教育部颁布了《中小学图书馆（室）规程（修订）》（以下简称新《规程》），又一次推动了中小学图书馆事业的发展。随后的五年里，中小学图书馆研究领域也产生了大量研究图书馆现代化的研究成果，以中小学图书馆建设现状和发展方向为研究对象的硕士论文开始出现。

（四）突破瓶颈期（第四阶段）

改革开放走过了30多年，2008年以来中小学图书馆事业的发展渐趋稳定，同时也走入"瓶颈期"，需要寻求创新和进一步地转变发展模式。2015年5月20日，教育部、文化部（现为文化和旅游部）、国家新闻出版广电总局（现为国家广播电视总局）联合发布了《关于加强新时期中小学图书馆建设与应用工作的意见》，要求"到2020年，绝大部分中小学要按照国家规定标准建有图书馆"。我国中小学图书馆事业建设既迎来了新的机遇，又面临着诸多的挑战。中小学图书馆事业寻求创新与提升的时代背景催生了一批探讨事业发展之路的研究，以求促进中小学图书馆事业迎来新的突破与发展。

二、各个阶段的研究主题分析

（一）第一阶段

"十年浩劫"后我国少年儿童图书馆事业百废待兴。这个时期的主要研究主题包括藏书建设工作、读者服务工作，尤其是阅读辅导、图书馆利用教育以及中小学图书馆协作等。

中小学图书馆的定位、性质和任务成为了一个研究热点。当时，少年儿童图书馆数量稀少，可供少年儿童使用的阅读设施和座位稀缺，与广大少年儿童对文化知识的需求极不相称。中小学图书馆因此成为了公共图书馆和街道图书室的有益补充。黄文虎和卢子博认为中小学图书馆是基层图书馆的重要组成部分，承担着宣传和普及阅读的任务。此外，中小学图书馆也被定位为对学生进行爱国主义、共产主义教育和培养集体主义美德的重要阵地。就图书馆在学校中的地位、性质和作用而言，有研究人员意识到了中学图书馆是学校教育教学的重要组成部分，对学科教学起着重要的辅助作用。其服务对象是教师和学生，应当二者兼顾，不应有所偏颇。

（二）第二阶段

20世纪80年代末、90年代初的研究主题主要是藏书建设和流通阅览以及借鉴其他地区学校图书馆的建设经验。从20世纪90年代中后期开始，研究范围扩大到中小学图书馆工作的方方面面，包括藏书建设与采访协作、文献资源共享、读者特点与读者心理、队伍建设、情报服务、计算机管理策略、软件和数据库开发、馆员教育和中外中小学图书馆教育等，并出现了比较图书馆学研究方向。

这一时期，中小学图书馆的教育功能引起了广泛关注，其含义得到了进一步的挖掘。它不仅包括一般性的教育职能，如辅助课堂教学的学科教育职能、扩充知识的综合教育职能和提高学生能力素质的智力开发职能等，还具有潜移默化地进行思想政治教育、精神文明教育，培养社会主义接班人等德育功能，以及对特定背景下学生的爱国主义教育功能、在教育改革背景下中小学图书馆在素质教育中的教育功能等。

同时，中小学图书馆与少年儿童图书馆等公共图书馆之间开展馆际合作，师范院校图书馆扶持中小学图书馆，以及乡镇图书馆与农村中小学图书馆合建联办等跨系统之间的图书馆交流与合作日益得到更加广泛的关注。

（三）第三阶段

中小学图书馆现代化以施行计算机自动化管理为重要标志。在此基础上，随着网络信息技术的普及，中小学图书馆网络化的建设构想也产生。变革时期，机遇与挑战并存。21世纪初，中小学图书馆领域新的研究热点涌现出来，具体有如下几点。

1. 信息时代中小学图书馆员的角色定位和素质要求

中小学图书馆员不仅要具备一定的专业素质，还需要具备使用信息技术和现代化管理手段的知识和技能，从而具有较高的信息管理水平。因此，中小学图书馆员的教育和培训问题得到了广泛的关注和探讨。

2. 中小学图书馆在素质教育中的地位和作用

为配合教育改革，推进素质教育，适应教育现代化，中小学图书馆在素质教育中的地位、作用、功能和职能发挥成为较长一段时间的研究热点。

3. 中小学生信息素养的培养

实际上，这是图书馆利用教育和阅读辅导在信息化社会中的演进与延伸，具体的实施方法除了入馆教育和图书馆利用教育，还包括图书馆导读和导航服务、开设相关的校本课程等。

4. 文献信息资源建设

馆藏文献信息资源从单一形态转变为多媒体资源，种类变得更加丰富。这里的信息资源建设不仅包括传统的藏书建设，还包括多媒体文献资源建设与管理、馆藏文献资源数字化、网络化建设，例如数据库建设和数字图书馆等，旨在加强文献信息资源的开发利用，提高文献资源的利用效益。同时，文献信息资源建设与开发不再是孤军奋战，更加强调和提倡行业协作、区域协作以及跨系统合作，中小学图书馆协作网发展为中小学图书馆网络文献信息（采编）中心；文献信息资源的利用逐渐打破"壁垒"，注重通过网络和信息技术手段实现共建共享。

5. 读者服务的拓展与转型

网络环境下，中小学图书馆的工作者需要更新观念，增强服务意识，重视文献信息资源的开发和利用，成为信息资源的导航者和提供者，拓展服务范围和深度。在条件允许的情况下，部分学校还应该创新服务内容和形式，开展特色服务和个性化服务，如"阅读疗法"。

（四）第四阶段

这一时期的研究视野更加开阔，虽然诸如队伍建设和人员培训、馆际协作与跨系统联合、图书馆利用教育与阅读指导等研究仍长盛不衰，但在我国图书馆事业大环境的影响下，这些研究领域又涌现出了新的热点，可谓"旧瓶装新酒"。

（1）图书馆人员队伍建设。"人"是事业发展的关键因素。我国许多中小学图书馆存在专业人员匮乏、人员专业素质普遍较低、职业地位较低、岗位晋升和相关待遇得不到应有的保障等问题。对此，有研究人员提出，我国中小学图书馆应该借鉴日本学校图书馆专业职务制度。在图书馆员职业特点与职业发展方面，如职业定位、职业承诺与心理健康、职业倦怠和职业幸福感等问题应引起中小学图书馆人的关注。

（2）图书馆合作。图书馆馆际合作问题的探讨由来已久，图书馆馆际合作的主要形式包括在本系统内部构建的中小学图书馆协作网，以及跨系统与公共图书馆、少儿馆、高校图书馆合作等。然而，无论何种形式，均未在全国范围内形成规模，仍然相对松散，尚未实现系统化长效运作的局面。日本的中小学图书馆、公共图书馆等不同类型的图书馆都归文部科学省管辖（地方上归教委管辖），这种统一归口的行政管理体制为两种不同类型图书馆的合作提供了有利条件。

（3）图书馆评估。图书馆评估工作应该与时俱进，一方面，要摆脱过去的评价主体单一、重数量轻质量等局限性，逐步完善评价项目和指标体系；另一方面，不仅应该关注建设项目完成与否，更应该重视绩效评估、考察建设和使用的效率与效益问题。

实际上，上述诸多问题长期以来解决缓慢的主要原因在于中国中小学图书馆法制化和标准化建设缓慢，满足不了中小学图书馆事业发展的实际需求。特别是2008年之后，我国中小学图书馆事业进入相对稳定的发展阶段，缺乏有关法律保障和建设与发展的标准成为阻碍事业进一步发展的主要障碍。对此，有关研究人员不断向在这方面发展较早的日本、美国和我国台湾地区等汲取先进经验。

三、各个阶段的研究特点

（一）第一阶段：寻求关注和重视

中小学图书馆事业经历了筚路蓝缕的拓荒期，在这样的建设环境下，当时的中小学图书馆相关研究也处于十分涣散的状态，相关研究论文数量较少，尚未形成专门的研究队伍或核心作者。在恢复建设时期，许多研究人员论述建立学校图书馆的必要性和重要意义，呼吁重视和保障中小学图书馆（室）的建设，呼吁在农村地区建立中小学图书馆（室）。同时，放眼海外，介绍和引进美国、加拿大、日本、英国等国家学校图书馆的建设经验也成为事业建设初创时期的一种求索。

（二）第二阶段：阐释功能和价值

这一阶段《中小学图书情报世界》成为研究人员的主要阵地，其涵盖的内容主题全面多样。同时，教育类期刊中也产生了一批研究探讨中小学图书馆事业发展与变革的文章。随着中小学图书馆的大规模建设和教育改革的兴起，中小学图书馆的教育功能及其在学校教育中的价值得到了进一步的挖掘。实际上，这也是为了进一步明确中小学图书馆的地位和作用，从而获得更加广阔的发展空间与丰富的资源。

（三）第三阶段：顺应时代的潮流

紧跟时代步伐，现代化与素质教育中的中小学图书馆成为当时的研究热点。图书馆现代化不仅要求管理手段自动化，还要求馆藏资源数字化、多媒体化，资源共享网络化，服务手段信息化。在这样的背景下，图书馆工作人员也需要具有相对丰富的知识储备和较高的专业素质。这一时期开始出现相关硕士论文，但数量稀少。

（四）第四阶段：谋求突破与提升

由于《中小学图书情报世界》于2010年停刊，中小学图书馆领域发文数量较之前锐减。在我国中小学图书馆稳步提升的新发展时期，研究人员往往聚焦一些制约着我国中小学图书馆事业层次提升的核心问题，谋求突破和发展。同时，许多师范类院校的教育类专业研究人员将目光投向了中小学图书馆，并形成了相关的硕士论文，在研究范围和成果数量方面均超过了图书馆学硕士论文。

四、结语

从整体上看，我国中小学图书馆研究领域的研究成果数量有限，主观探讨类、经验总结类和调查报告类的文章居多，科学性和创新性相对欠缺，且缺乏针对中小学图书馆展开的以经验数据为支撑的实证研究。相关文章大多发表在非核心期刊，主要原因是论文缺乏科学规范的研究方法，学术含量相对不足。与国内中小学图书馆主题相关的学位论文较少，且主要集中于教育管理领域。这也从一个侧面反映了我国图书馆学高等教育对中小学图书馆领域的关注度不够。从研究内容来看，研究内容侧重于对国内中小学图书馆现状、问题和对策的探讨，以及对国外先进经验的介绍，对我国中小学图书馆事业的历史、未来发展趋势的关注较少，对中小学图书馆事业有关理论问题的研究明显不足。因此，我国尚未形成系统规范的中小学图书馆学学科体系。事业发展的基本规律以及未来中小学图书馆事业科学发展的有关探索仍有较大空间。

参考文献：

［1］张玉礼.应当重视中小学图书馆（室）的建设［J］.山东图书馆季刊，1982（2）：72.

［2］胡平.对《集中管理中小学图书馆刍议》一文的反应［J］.图书馆杂志，1985（1）：39-40.

［3］关于加强新时期中小学图书馆建设与应用工作的意见［EB/OL］.（2015-06-01）［2017-07-31］http：//culture. people. com. cn/n/2015/0601/c172318-27086822. html.

［4］黄文虎，卢子博.图书馆网是图书馆社会化的组织形式［J］.江苏图书馆工作，1980（1）：15.

［5］吴琉璃.台湾地区的学校图书馆［J］.图书与情报，1993（4）：21.

［6］庞学金.近三十年台湾图书馆法规、标准概要［J］.图书与情报，1992（4）：40-42.

［7］邹琼.中小学生图书馆学教育纵横谈［J］.图书馆，1999（2）：71-72.

［8］夏佩福.日本的学校图书馆利用教育的动向［J］.图书馆论坛，1998（3）：5，67-68.

［9］赵文韬.试述中美中小学图书馆发展现状与趋势［J］.图书馆理论与实践，1999（2）：56-57.

［10］李惠珍.试论中学图书馆的教育职能［J］.图书情报论坛，1996（3）：69-70.

［11］宋忠芳，孟庆旭.中小学图书馆（室）在德育中的职能刍议［J］.山东教育科研，1994（3）：18.

［12］黄国富.对中学图书馆德育功能的认识［J］.图书馆论坛，1995（1）：68-69.

［13］戴杰.中小学图书馆爱国主义教育职能探讨［J］.图书馆学刊，1996（5）：40-41.

［14］方春耕.素质教育呼唤中小学图书馆（室）建设［J］.图书馆，1996（6）：49-50.

［15］吴秀珍.谈中小学图书馆建设在素质教育中的作用［J］.河南图书馆学刊，1997（3）：71-72.

［16］陈建设.少儿图书馆与中小学图书馆合作的方式及内容［J］.图书馆理论与实践，1997（2）：62.

［17］杨伟才.师范院校图书馆应为中小学服务［J］.大学图书馆学报，1997（4）：71.

［18］张德源.乡镇图书馆与农村学校图书馆合建联办质疑［J］.江苏图书馆学报，
1999（6）：56-57.

［19］张正和.迎接信息技术革命的挑战建设现代化中小学图书馆［J］.江苏图书馆
学报，1999（2）：58-60.

［20］王志敏.谈如何实现中小学图书馆网络化［J］.山东图书馆季刊，1998（3）：
115-116.

［21］王京山，王锦贵.中小学图书馆员教育培训问题研究［J］.中国图书馆学报，
2001（5）：18-20.

［22］王海芳.中学开设图书情报教育课的必要性与可行性［J］.图书馆建设，1999
（2）：67-68.

［23］黄红梅.国外中小学信息素质教育对我国图书馆工作的启示［J］.图书馆工作
与研究，2007（5）：110-111.

［24］王京山，安记勇.美国图书馆重视为中小学生服务［J］.图书馆杂志，2001
（1）：62-63.

［25］蒋润秋.中小学图书馆开展图书疗法服务初探［J］.山东图书馆季刊，2001
（1）：40-41.

［26］钟伟.试论日本学校图书馆专业职务制度对我国中小学图书馆发展的启示
［J］.图书馆工作与研究，2012（9）：121.

［27］王兴启.中小学图书馆职业定位及思考［J］.图书馆，2009（6）：126-127.

［28］张芳.中学图书馆员职业承诺与心理健康的状况及其关系研究［D］.福州：福
建师范大学，2009：22.

［29］付慧英.中小学图书馆馆员职业倦怠情况分析与对策［J］.河南图书馆学刊，
2009（4）：9-10.

［30］詹玮，周媛，刘志军.中小学图书馆员职业倦怠的影响因素分析［J］.图书情
报工作，2012（19）：71-73.

［31］付慧英.中小学图书馆员职业幸福感研究［J］.图书馆杂志，2010（7）：29-30.

［32］毕九江.关于构建未成年人图书馆服务体系的思考——以深圳市为例［J］.图
书馆杂志，2008（9）：26-27.

［33］柯欢玲.校园智慧图书馆建设探索——"广州模式"之文化教育跨界合作
［J］.图书馆学刊，2016（5）：5.

［34］柴会明.构建区域性青少年读者服务联盟初探［J］.图书馆杂志，2011（6）：
50.

［35］陆其美.城市公共少儿图书馆与中小学图书馆合作模式研究［J］.新世纪图书馆，2011（11）：92-93.

［36］卓毓荣.中小学图书馆与高校图书馆合作问题探索——基于广州市调研数据的实证分析［J］.图书馆建设，2011（6）：93-95.

［37］曹磊.日本中小学图书馆发展因素探析［J］.国家图书馆学刊，2015（3）.

［38］钟伟.中小学图书馆评估主体研究［J］.图书馆界，2012（5）：80.

［39］严明华，邬晓琰.对中小学示范图书馆评估工作的思考［J］.图书馆工作与研究，2010（2）：107-108.

［40］柴会明.美国学校图书馆服务标准化进程述评［J］.中国图书馆学报，2015（1）：114-115.

［41］吴惠茹.大陆与台湾地区中小学图书馆建设标准比较分析与思考［J］.图书情报工作，2015（20）：55.

［42］孙宪治.日本的中小学图书馆［J］.图书馆杂志，1984（3）：77.

［43］罗德运.日本中小学图书馆面面观［J］.图书馆学研究，1987（5）：125-130.

［44］杨起全.美国中小学图书馆［J］.图书馆学研究，1989（2）：67-69.

［45］刘宇，张云中，魏瑞斌，等.图书情报学研究进展述评：2010-2013［J］.图书馆杂志，2014（12）：40.

［46］张文彦，王丽.发达国家图书馆未成年人服务研究综述［J］.图书情报工作，2014（12）：141.

职业院校基于学生职业能力提升的 馆藏资源建设①

——珠海市技师学院馆藏资源建设的探索与实践

职业院校的图书馆是师生学术交流、获取丰富知识和技能的殿堂。职业院校的馆藏资源是学生接受思想政治教育、提升文化自信和职业能力的重要场所，在培养高素质技能人才方面发挥着重要作用。职业院校是培养高技能人才、未来工作岗位的准职业人的场所。职业院校图书馆的信息服务有助于准职业人就业能力、管理能力的提升。

一、职业院校馆藏资源的现状

（一）对馆藏资源建设的认识不足

有的职业院校对馆藏资源建设的认识存在偏差，对馆藏资源建设在学生思想政治教育、职业能力培养等方面的作用认识不足，影响了对图书馆建设的经费投入，导致图书馆的场地建设、馆藏资源建设、设备设施建设等滞后于院校的发展，不能适应办学形势发展的需要，不能为读者提供更好的服务。有的院校图书馆甚至被领导所忽略，他们平时不受重视图书馆，在评估办学水平时，才会因为办学指标的需要不得不有所"重视"。更新图书馆的设施设备、增加馆藏资源的目标得不到实现，职业院校的图书馆渐渐被师生所遗忘。

（二）图书馆的硬件建设滞后

职业院校办学规模不断扩大，办学条件也不断得到完善，但图书馆的硬件设施，如场地建设、设备建设等却没有与时俱进，得到改善，造成场地不足或环境状况不佳、借阅设施不够先进、借阅平台服务信息化不够完善、电子阅览功能比较低、借阅方式落后等问题，不能跟上时代的步伐，不能更好地满足读者的要求，不能很好地发挥图书馆的

---

① 该论文由申屠芬撰写，原载于《职业》2022年第10期。

信息服务和教育的职能。

（三）馆藏资源建设不适应办学需要

职业院校图书馆应该有与院校专业建设相适应的特色馆藏资源建设，这样才能满足读者的专业发展需要。目前，有的职业院校馆藏资源建设与院校的专业建设的联系不够紧密，重馆藏规模，轻馆藏特色，馆藏资源虽然比较丰富，但缺少与院校办学专业相适应的特色馆藏资源，读者很难找到自己需要的资料。

二、营造宜人的阅读环境

我们学院受到政府的高度重视，投巨资建设了新校区。学院领导对馆藏资源建设与办学效益的关系具有较为全面的认识，不仅提供了与院校发展相适应的场馆，还加大了对馆藏资源建设的投资。馆员对新场馆内部的环境装饰和布置进行了精心的设计，针对院校的不同专业，结合图书馆的学习氛围，创设理论与实践的学习天地，如无人机、机器人等电子科技的学习内容，引入相关器械，让读者可以在馆内对照书籍进行简单实训。对于环境，馆员遵循清新、整洁、幽静的理念，设计了柔和舒适的照明灯光，在恰当的墙面悬挂典雅绘画和励志的名人名言，或古典，或现代，或人物，或山水，或字画。在适当的位置摆放精致花瓶，里面种植着各种绿色芳香小植物，充满生命力；为了能让读者更加静心、舒心地阅读，图书馆时不时播放轻柔曼妙的音乐；等等。总之，馆员费尽心思地提供了一个充满书香的馆藏环境和阅读环境，让读者在视觉、听觉和体感舒适的环境中，身心轻松地享受阅读的快乐。新的场馆开放后，课余时间沉浸于智能手机的读者渐渐地被吸引到图书馆中来。

三、建设特色馆藏资源

职业院校图书馆的读者是学生和教师，其中大部分是作为准职业人的学生。职业院校图书馆应为读者的阅读价值取向及目的服务，其馆藏资源建设应该与院校办学专业相适应，应该为学生未来就业的能力、职业素质及职业能力的提升提供有效的服务，这样才能体现职业院校图书馆信息服务和教育的职能。

（一）发挥馆藏资源的育人职能

院校图书馆具有教育职能。"图书馆教育职能之一是配合院校思想政治工作，对学生进行思想政治教育"，"图书馆应全面参与人才培养工作，充分发挥第二课堂的作用，采取多种形式提高学生综合素质"。馆藏资源要为思想政治教育提供信息保障，尽可能地收集就业环境、就业趋势和就业信息等方面的指导类资料，争取做到相关参考资料覆盖范围广、内容有深度、针对性强。这样能帮助读者了解未来的就业岗位要求，树立正确的职业观和发展观。我们院校在开展馆藏资源建设时，院校党委本着立德树人的目的，坚持以社会主义意识形态指导馆藏资源建设，安排党员教师对原来的馆藏资源和拟购买的馆藏资源进行严格的意识形态审查，以确保馆藏资源符合社会主义意识形态，用优质的馆藏资源去教育读者，对读者培根铸魂，培养其劳动者应该具有的职业素质。

（二）建设特色馆藏资源

职业院校的读者有自身的价值取向，他们对与专业对口的文献信息、未来就业职业岗位有关的文献信息较为关心。职业院校教师在信息需求上对于对口的前沿专业技术文献信息有着更具稳定性、连续性的要求。职业院校的读者对休闲、娱乐、社会热点方面的文献信息不那么注重，因为在互联网时代，这些通过手机或电脑上获得。

每所院校都有自身的办学特色，职业院校图书馆应根据院校的办学特色，选择与专业建设相适应的专业文献作为自己的馆藏资源，并不断强化特色馆藏资源建设。特色馆藏资源建设应注意既要满足学生读者提升专业知识和专业技能的要求，又要为教师提高自身能力、完成教学和科研提供专业资料。特色馆藏资源建设应根据本院校的专业特色变化和教学内容的变化及时调整方向，保证馆藏资源符合本院校办学重点的实际，最大限度地满足读者的需求。职业院校学生毕业前要参加各种类型的职业技能资格考试，获得相关专业技能资格证书。院校的馆藏资源建设要与专业建设相适应，尽可能地去收集国内外先进的职业教育理论和职业技术发展、生产实践、社会实践方面的相关文献，去收集院校专业涉及的专业技能标准、职业资格标准、行业标准、市场准入规范等，突出应用性、技术性，使学生能够得到与今后从事的职业有关的实用知识、实用技术和技能，为毕业后胜任岗位工作打下基础。职业院校的馆藏资源建设要在保证学生读者需要的同时，为院校的科研服务，要关注院校教学、科研工作的动态，有针对性地收集一些应用性较强的科技文献，做好对指导学生撰写技师资格论文和完成答辩的文献资料，教师充实教学内容所需要的文献资料，以及缺乏一线工作经历的教师了解教学实际和经济社会实际、熟悉所教授专业和相关应用技术发展的文献资料的收集整理工作。

在进行馆藏资源建设时，我们通过调查表的形式了解读者阅读需求和阅读价值取向。我们院校每次购置馆藏资源，都提前向供应商索要最新、最全的书目清单，印发给师生，让他们选择，师生也可以推荐目录外的书目，经过校党委组织意识形态审查后进行采购。这样建设的馆藏资源，既没有意识形态问题，又是师生读者所需要的馆藏资源。同时，我们院校每年都组织专业（学科）带头人和骨干教师推荐或集中到书店现场选择专业类的馆藏资源，以保证馆藏资源建设具有实用性和特色，更好地提升读者的职业能力。

（三）建设电子图书资源

当前图书馆的馆藏结构中，电子图书资源的比重日益加大。为充分发挥这些电子信息资源的作用，我们院校建立了设备齐全的电子阅览室，引进了电子文献信息库，在院校党委组织人员对电子文献信息进行意识形态审查后，向读者开放，运用新型电子设备营造出好的学习氛围，将电子产品与书籍紧密结合，符合新时代背景下学生的需求，满足了读者的需求，有利于提升读者的职业能力。

四、企业化运作读书协会

职业院校师生都是在课余时间或节假日才有时间到图书馆享受馆藏资源，因此，职业院校图书馆开放的时间除了正常上班时间外，还包括中午、晚上和节假日，这些更是读者需要开放的时间。而职业院校图书馆普遍存在图书馆人员较少、人手紧缺的问题。以我们院校为例，受单位人员编制等原因的影响，图书馆只有两名专职管理人员，无法满足图书馆的基本工作需要。我们院校从2010年起从读者中选拔优秀、积极的学生组成读书协会。读书协会在教师指导下，按企业模式组织与运作，遵循企业发展规律，优化资源配置，实行自主经营、自主管理的模式，每天都安排值日，协助教师完成日常管理工作，策划和组织图书馆各类有益活动，如每年一届的"读书月"的活动，参与图书馆拓展服务，在工作中提升自我组织、自我管理、自我发挥、自我实现的职业能力。读书协会成员通过工作加强了对职业的认识和提高道德修养，加深了对工作岗位要求的体验，提高了自己的职业能力。

职业院校图书馆馆藏资源建设的初心应该是发挥其信息服务和教育的职能，将信息服务职能和教育职能融合统一，坚持立德树人，助推学生读者职业能力的提升。职业院校的馆藏资源建设不仅代表院校的文化底蕴，还是学术传统继承和延续的重要表现，是院校校园文化和内涵建设的一个剪影。因此，职业院校应重视图书馆建设，推动馆藏资源建设与院校的办学专业相适应，根据自身的办学特色，建设特色馆藏资源，发挥图书馆的信息服务和教育的职能，更好地提升学生的职业能力。

参考文献：

［1］张英.迈入人文的殿堂：图书馆人文环境探析［J］.图书馆学刊，2005（1）：24-26.

［2］中华人民共和国教育部.普通高等院校图书馆规程（修订）［S］.高校〔2002〕03号.

"双减"政策下中小学图书馆的发展机遇研究①

百年大计，根在树人，教育兴则国家兴，教育强则国家强。近年来，在升学考试的压力下，应试教育在中小学愈演愈烈，对国家的发展极其不利。2020年10月，中共中央、国务院印发了《深化新时代教育评价改革总体方案》，意在从评价模式着手，逐渐让教育回归本质，方案要求落实立德树人根本任务，遵循教育规律，系统推进教育评价改革，发展素质教育，引导全党全社会树立科学的教育发展观、人才成长观、选人用人观，推动构建服务全民终身学习的教育体系，努力培养担当民族复兴大任的时代新人，培养德智体美劳全面发展的社会主义建设者和接班人。2021年7月，中共中央办公厅、国务院办公厅印发了《关于进一步减轻义务教育阶段学生作业负担和校外培训负担的意见》，即"双减"政策，进一步明确学校作为学生教育主阵地的定位。提出学校要充分利用资源优势，有效开展各种课后育人活动，在校内满足学生多样化的学习需求。中小学图书馆是学校的文献资源中心，本文旨在研究其当前存在的问题以及如何抓住"双减"机遇，提升中小学图书馆服务水平，助力教育改革和"双减"落实。

一、中小学图书馆现状分析

为了解广东省中小学图书馆的发展现状，本课题组在2021年广东省教育装备中心关于广东省阅读空间与管理的调查基础上，抽样调查了63所设有图书馆的学校（小学、初中、高中各21所）的1 850名学生。据2021年广东省教育装备中心调查结果，广东省被调研的1 904所中小学校中有3.36%的学校没有图书馆但有建设计划，将近3%的学校没有图书馆建设计划，说明学校图书馆尚未全面普及。学生普遍认同图书馆在学习和生活中的地位，例如，认为图书馆不重要的学生只有4.14%，学生对图书馆的文化氛围、环境舒适度、馆员服务等方面满意的比例超过70%。但相对于公共图书馆和高校图书馆的发展，学校图书馆整体比较落后，在服务能力方面尚不令人满意，有较大的进步空间。总体来说存在以下问题：

---

① 该论文由申屠芬撰写，原载于《图书馆界》2022年第4期。

（一）自动化水平较为落后

早在2003年教育部发布的《中学图书馆（室）规程》中，就提到教育部将征集评选优秀的中小学图书管理信息系统软件，向各地推荐，各地要积极创造条件予以采用。如今距离规程发布已经过去了20年，约半数学校图书馆管理仍然停留在传统手工模式。在借阅方式上，采用手写登记方式的图书馆占了47.31%，超过900所，约60%的学校没有图书检索系统（见下表），其中又以乡镇学校图书馆居多。

学校图书馆自动化建设情况

选项	比例
手写登记借阅	47.31%
馆员操作电脑	68.63%
图书管理软件	60.83%
图书资源检索系统	40.15%

（二）资源供应不足

2018年5月发布的《中小学图书馆（室）规程》要求中小学图书馆藏书量不得低于《中小学图书馆（室）藏书量》的规定标准，图书馆每年生均新增（更新）纸质图书应当不少于1本。但调查结果显示只有13所学校图书馆在藏书数量上达标（见下表）。藏书量匮乏和图书更新慢导致图书馆资源的满足率不太理想。一些被调查者认为，虽然学校号称有十几万册图书，但复本过多，陈旧无用的资料过多。对图书馆资源更新感到非常满意的除小学达到62.77%，初中、高中均未达到50%，23.55%的高中学生对图书馆资源更新的满意度一般（见下图）。学校图书馆购书经费匮乏，制约了图书资源的建设。只有30%的学校图书馆表示近10年每年都有固定的购书经费，但经费没有随着书价的上涨而上调，除了一些新建馆，一般学校图书馆每年购书经费为3万到20万元不等，远远满足不了生均年增长1册以上图书的需求。

各学段图书馆藏书量及达标情况

学段	数量（册）	平均每馆藏书量（册）	生均藏书量（册/生）	《中小学图书馆（室）藏书量》标准（册/生）	生均藏书量达标学校（所）
小学	21	35276	17.2	25	3
初中	21	51688	28.8	35	6
高中	21	60763	28.2	45	4
合计	63				13

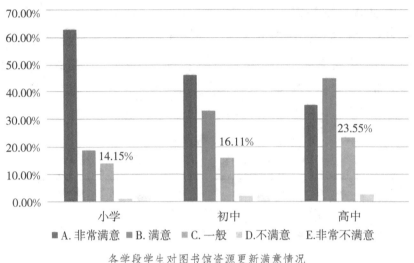

各学段学生对图书馆资源更新满意情况

（三）开放时间不合理

图书馆利用率跟便捷度相关，图书馆的开放时间不足、不合理直接影响学生对图书馆的使用。调查结果显示，48.12%的学校图书馆每周开放时间不足10小时，只有20%的学校图书馆每周开放时间达到了教育部要求的40小时。72.85%的高中生、55.39%的初中生对图书馆的开放时间表示不满意，一些学生反映"上课图书馆开着，放学想去却关门了"。部分图书馆的开放时间和学生的上课时间重合，图书馆员的作息时间与上课教师的作息时间同步，而不是与学生的闲暇时间，特别是可访问图书馆的时间同步。学生建议学校图书馆延长开放时间，希望图书馆能在课间、放学后和中午开放，其中中午和下午放学时间开放的诉求人数最多（见下图），有的学生希望周末和寒暑假也能开放。而针对图书馆员的调查结果显示，只有10%的学校图书馆在寒暑假开放。

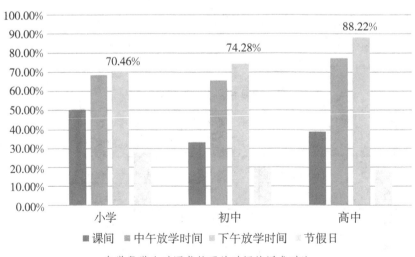

各学段学生对图书馆开放时间的诉求对比

（四）专业人才队伍建设不足

"学校图书馆自动化建设情况"表中68%的学校有馆员电脑，却只有60%的学校有图书管理软件，这造成了软件资源跟不上硬件资源发展的问题，其主要原因是一些图书馆员不懂得如何使用图书管理软件，部分图书馆员对使用管理软件的前期数据处理存在畏难心理，宁愿手工借阅或扫码登记，说明一些图书馆员缺乏图书馆自动化管理的理念和能力。另外，调查结果显示超七成学校的阅读活动由语文科组长组织实施，图书馆专职馆员组织活动的占比不到两成，也从侧面说明图书馆专职馆员缺少能力或机会，无法适应新形势下图书馆职能的发展。学校图书馆被定性为教学辅助部门，仅有四成左右的学校图书馆配备了专职馆员，而这些专职馆员中有相当一部分是由于胜任不了教学岗位或其他原因而被调配到图书馆工作的。以广东省珠海市为例，500多所普通学校在2010—2020年10年间没有新进有编制的图书馆员，一些学校在图书馆员离职或退休后，选择关闭图书馆而不是招聘人员。

二、"双减"政策给中小学图书馆带来的发展机遇

"双减"政策落地大半年，义务教育阶段学生的作业和课外培训负担明显降低，学生在课余时间到图书馆借阅的人次明显增多，调查结果显示，学生在"双减"实施后愿意多去图书馆的比例高达85.31%。

（一）阅读重要性得到重申

"双减"政策中提到两次"阅读"，分别是在课余时间"开展适宜的体育锻炼，开展阅读和文艺活动"和在提高课后服务质量中提到"为学有余力的学生拓展学习空间，开展丰富多彩的科普、文体、艺术、劳动、阅读、兴趣小组及社团活动"，从中可以看出国家认可阅读对青少年全面发展的重要作用。2022年4月23日，首届全民阅读大会在北京举办。习近平主席致贺信，指出阅读是人类获取知识、启智增慧、培养道德的重要途径，可以让人得到思想启发、树立崇高理想、涵养浩然之气，向全社会阐明了读书的重要价值和意义，引发了社会各界的热烈反响。国家层面的重视促进了各级部门、学校的行动，各种形式的读书活动精彩纷呈。

（二）图书馆建设得到重视

《中小学图书馆（室）规程》规定中小学图书馆的主要任务是贯彻党的教育方针，培育社会主义核心价值观，弘扬中华民族优秀传统文化，促进学生德智体美全面发展；建立健全学校文献信息和服务体系，协助教师开展教学教研活动，指导学生掌握检索与利用文献信息的知识与技能；组织学生阅读活动，培养学生的阅读兴趣和阅读习惯。"双减"政策要求学校利用资源优势提供课后托管服务。学校图书馆作为学校的文献资

源中心和学习中心，成为学生课后托管的好去处。

近年来，"书香校园""最美图书馆""最美阅读空间"等评比活动也促进了学校图书馆的建设，学校纷纷投入资金对图书馆进行空间改造，开辟新功能区，添置新设备，使图书馆环境更幽雅、功能更多、服务更便捷。以珠海市第一中学为例，改造后的空间采用借阅一体化大空间模式，每个空间都配备了舒适的阅览座椅，增加了国学室、棋艺室、手工室等新功能区，学生可带着书包使用各个功能区看书、自习、弹古琴、练书法、下棋、做手工。

（三）促进学科合作

朱永新多次强调：只有通过深度的阅读，才能真正地把孩子们带向学科的广博与深邃，使知识的小溪汇聚为海洋。阅读绝对不仅仅是语文教师的事情，应该是所有学校的事情，所有学科的事情，是教育最基础的事情。图书馆成为托管的场所后，学科教师需要到图书馆轮值，于是有些学科教师就带领学生进行学科的拓展阅读。在广州大学附属小学，英语教师利用托管时间带领学生阅读英语绘本，数学教师会和学生一起阅读有趣的数学课外书。教学改革后，对学生的阅读能力的要求提高，图书馆有书香氛围、环境幽雅，越来越多的语文教师喜欢把学生带到图书馆上阅读课。更有教师和学生愿意在图书馆进行读书分享，北京师范大学珠海附属中学语文教师杨俭虹的方舟阅读已经在图书馆举办了39期；珠海市第一中学语文科组策划了"阅"读书活动，主讲的教师和学生都喜欢选择以图书馆为背景进行分享，因为这能吸引更多感兴趣的同学，拍出来的照片也更美。图书馆举办的读书活动也逐渐得到语文教师更多的支持，珠海市第一中学以前举办读书征文比赛，收到的投稿寥寥，如今由语文科组推荐学生平时写作中的优秀读后感，将其编成文集，既是图书馆读书活动的成果，又能激励更多的学生阅读和写作，助力语文教学。图书馆也是劳动实践教育的好地方，图书馆员可以和科技劳动学科教师合作，把图书馆实践变成劳动教育课程。

（四）图书馆课程有望纳入学校课程体系

"双减"的本质在于回归教育规律，减负的目的是提高教育质量，各学校都在努力探索如何合理安排好时间、丰富学生生活，如何高质量地开发校本课程，让学生的成长性得到彰显。毋庸置疑，开发图书馆课程是其中的一个必然选择。早在2015年，北京教育学院图书馆便协同北京教育学院附属海淀实验小学及北京教育学院附属丰台实验学校共同开发建设中小学图书馆课程，并将其纳入学科实践活动课程和综合实践活动课程范畴实施，取得了较好的教育教学效果。中小学图书馆课程的开发与实践，是培养学生核心素养的重要途径。图书馆课程如果能纳入学校课程体系，成为学校课程的有机组成部分，将有利于加快图书馆课程体系建设，完善图书馆课程标准，直接体现图书馆的教育功能。从教育改革的目标和步伐来看，这是指日可待之事，其关键是图书馆员能否胜任教学任务。

三、把握"双减"机遇，提高整体发展水平

"双减"政策落地后，一些中小学图书馆或应学校要求开展新的服务项目，或主动探索新形势下的有效服务方法和模式，一些优秀的中小学图书馆因为学校的重视和馆员自身的努力，成为了行业的先锋模范。

（一）转变观念，优化资源配置

图书馆资源包括人力资源、信息资源、设备资源。由于以前的"积贫积弱"，中小学校领导应重新认识和评估图书馆的育人功能，重视图书馆资源的配置。图书馆员是图书馆的核心和灵魂。首先，学校应按要求配置图书馆员，改变一个图书馆员一脚踢，包揽所有图书馆事务的现状；改变把"闲杂人"安排到图书馆的做法，多引进专业对口人员，因为专业人员具有创新服务理念，更容易接受专业领域的新技术，展开新服务模式。其次，图书馆员要把图书馆的建设和发展当成一项严肃的事业来对待。目前部分图书馆员仅把工作当成谋生的饭碗，因循守旧，缺乏积极性和创新意识；部分图书馆员因得不到认同、看不到职业前景而逐渐丧失了工作热情。树活一张皮，人争一口气，学校图书馆员不能光守着自己的"一亩三分地"，应主动把图书馆的工作与学校的发展、学生的成才等因素结合在一起，才更加容易创造职业成就感。"双减"后，社会要求学校教师提质减负，一线教师普遍反映非教学负担较重，数据收集、调研、统计、课后托管、午餐值班等多种社会性事务耗费了他们大量的时间和精力。图书馆员主动承担课后托管工作，可以分担一线教师的压力。不要抱怨学校对图书馆不重视，有为才有位。

图书馆文献资源是图书馆开展服务的物质基础，从修订版《中小学图书馆（室）规程》中可以看出，教育行政部门愈加重视中小学校图书馆馆藏资源质量。从调查数据可知，中小学图书馆文献资源配置和《中小学图书馆（室）规程》标准之间尚存在很大的差距，学校应按要求配足图书馆文献资源。2018年，教育部发文要求各地进行馆藏图书非适宜性筛查，各学校图书馆大力开展图书筛查活动，使馆藏资源得到了很大程度的优化。2021年教育部印发的《中小学生课外读物进校园管理办法》对进入校园的课外读物提出原则及标准要求。中小学图书馆要制定馆藏图书入藏标准，对新入藏的图书进行严格控制。馆藏资源配置很大程度上依靠馆员的采访能力，在馆员难以高质量完成采访任务的情况下，可以由学校牵头成立校内读物管理委员会，由委员会成员共同负责图书馆资源配置，还可以通过多种途径发动学生、家长、教师参与馆藏资源的建设。

（二）注重自动化建设，加强学科合作

20世纪90年代，随着国产自动化系统的成功研制，一大批图书馆实现了自动化管理，可目前自动化在很多中小学图书馆依然是"春风不度玉门关"，相当一部分图书馆员不了解图书馆自动化技术，40%的学校图书馆至今没有使用图书管理软件。如今万元以下的面向小型图书馆的管理软件有很多，甚至可以由学校教师自主开发，因此这是学校图书馆可以立即解决的问题。全面落实中小学图书馆自动化管理在当前比较容易实现，由主管部门集中采购和推进则更有效率。

学科融合是大势所趋，图书馆和其他学科合作，可以取长补短，更好地发挥图书馆融入式、嵌入式、渗入式的立德树人协同效应。珠海市第一中学图书馆和语文科组合作进行整本书阅读，通过策划主题书架、阅读分享、舞台表演等方式帮助学生加强理解阅读；北京教育学院附属丰台实验学校数学教师和图书馆合作开发了中学图书馆课程——数学阅读；广州钟村中学图书馆和政治历史科组合作，开展共读党史、赤米康潮、觉醒时代等主题阅读活动，和地理科组合作开展藏书地图设计活动；广州大学附属小学图书馆和英语科组合作，开展小小演讲家、绘本表演等活动。以上都是学科合作的有效探索。

（三）创新服务理念，促进社会资源合作

创新是图书馆服务的不懈追求，在教育立德树人总目标下，中小学图书馆员应该改变片面追求流通率的做法，不再无原则地满足学生的阅读需求，严格认真筛选馆藏资源，学习图书推荐方法，主动推荐有助于学生德智体美劳全面发展的优秀图书。"双减"实施后，馆员可以在托管时间组织开展图书推荐演讲、知识竞猜、诗词接龙等活动，为学生锻炼自我表达能力、展示自我提供平台。

与公共图书馆相比，中小学图书馆在资源、资金、设备等方面差距很大，但中小学图书馆与教育更为密切，能更好地与学校教育目标相适应、与各学科的教育内容相协调、与家长做好及时沟通，更适合开展阅读习惯培养、学科教育、亲子教育和劳动教育。在培训机构纷纷倒闭或转行的时候，公共图书馆和中小学图书馆合作能最大限度发挥图书馆的教育功能，更能凸显图书馆公益部门的作用，体现社会主义国家的教育优势。如深圳教育、文体等部门联动工作，创新实施"图书馆+学校"的馆校合作模式。福田区图书馆与各中小学校签订馆校合作协议，建立活动体系和管理制度，落实公共图书馆进校园实施方案。深圳少儿馆"常青藤"实现了深圳少年儿童图书馆和全市各中小学图书馆文献资源共建共享、图书通借通还，开展深圳市中小学生阅读推广活动，方便深圳中小学生读者就近多途径借阅文献。学校图书馆还可以通过家校合作、社区合作等充分利用各种社会资源开展服务。

（四）开设图书馆课程，助力构建服务全民终身学习的教育体系

图书馆是开展素质教育的重要阵地，图书馆可开设的课程有图书馆知识、资源检索、图书馆实践、阅读指导等，图书馆员也可以根据自身特长开设其他校本课程。为了形成学科课程体系，图书馆课程要设立教学目标、教学要求、教学实施评价等环节。图书馆课程目标应以培养学生的阅读素养、信息素养、研究素养，丰富学科素养为主。图书馆在课程实施过程中应引导学生在阅读中学会价值澄清，用价值引领学生成长，使学生坚定理想信念，厚植爱国主义情怀，加强道德品格修养，批评并摒弃庸俗、低俗、恶俗的文化现象，丰盈学生的心灵；引导学生扎根中国大地，热爱中华传统文化、革命传统文化、社会主义先进文化，增强学生文化自信，引导学生尊重、吸纳人类文明成果和多元文化，以开放的胸怀热爱世界，关心人类进步。图书馆课程评价的重点是学习方式的改变与阅读质量的提高，评价方式以过程性评价为主。

四、结语

整体来说，目前中小学图书馆的服务能力决定了其尚不能真正成为德智体美劳全面育人的教学部门，而从2018年的修订版《中小学图书馆（室）规程》中可以看出教育行政部门已经愈加重视中小学校图书馆，正在努力提升其地位和资源投入力度。"好风凭借力，送我上青云"，中小学图书馆员应该发扬中华民族自强不息的精神，抓住"双减"机遇，改变人们对中小学图书馆的认知，改变自己的地位，更好地实现图书馆员的职业价值。

参考文献：

［1］张文彦.2003与2018年版《中小学图书馆（室）规程》比较研究［J］.国家图书馆学刊，2019（1）：37-45.

［2］朱永新.阅读应当是教育最基础的事情［J］.教学管理与教育研究，2017（7）：127.

［3］成尚荣.图书馆何以"亲爱"——初论中小学图书馆课程体系的构建［J］.福建教育，2022（2）：23-26.

［4］邢素丽，罗琳.中小学图书馆课程：培育学生综合素养［J］.中小学管理，2017（7）：19-20.

［5］吴慰慈，许桂菊.图书馆自动化与网络化之现状及展望［J］.中国图书馆学报，1999（1）：42-46.

［6］孙蕊，吴松桦.馆校协同儿童阅读推广模式研究——以深圳"常青藤"为例［J］.国家图书馆学刊，2020（3）：53-63.